編著 蔣佑儀

Build
a
future
for
your
kids

爸媽

請用 正確 的態度
打造 孩子 的未來

家長是孩子的第一任老師，
不要把財富留給孩子，
而要把孩子變成財富。

美國心理研究協會做了一項研究：

遺傳因素 和 家庭教育 ，哪一個對孩子的 智商 影響較大呢？

研究結論	遺傳和家庭教育所起的作用幾乎相同。
也就是說	做家長的你也許沒有最高的智商，但只要方法正確，你就能培養出具有最高智商的孩子。

生活成長 50

爸媽請用正確的態度打造孩子的未來

作者　蔣佑儀

責任編輯　廖美秀

美術編輯　蕭若辰

封面/插畫設計師　蕭若辰

出版者　培育文化事業有限公司

信箱　yungjiuh@ms45.hinet.net

地址　新北市汐止區大同路3段194號9樓之1

電話　（02）8647-3663

傳真　（02）8674-3660

劃撥帳號　18669219

CVS代理　美璟文化有限公司

TEL／(02)27239968

FAX／(02)27239668

總經銷：永續圖書有限公司

永續圖書線上購物網
www.foreverbooks.com.tw

法律顧問　方圓法律事務所　涂成樞律師

出版日期　2015年1月

國家圖書館出版品預行編目資料

爸媽請用正確的態度打造孩子的未來 ／ 蔣佑儀編著.
-- 初版. -- 新北市：培育文化，民104.01
面； 公分. -- (生活成長；50)
ISBN 978-986-5862-44-2(平裝)
1.親職教育 2.子女教育
528.2　　　　　　　　　　　103023227

CHAPTER 01

孩子，你知道我是愛你的嗎？
──口才教育中的心理學

14　**好孩子是誇出來的**

你應該讓孩子覺得：你對孩子的讚賞完全
是誠懇的，而不是應付的，客套的，更不
應該是虛偽的，做作的。

19　**露出你的八顆牙齒**

讚美其實是一種藝術的表現，父母要想演
繹好這門藝術，首先要有一雙善於發現的
眼睛。

25　**批評的藝術**

只談眼前，不翻舊賬，做錯的事已經批評
過了就應該「結案」了，不要老是記著孩
子以前不好的地方，這樣會讓孩子覺得他
在父母面前永遠無法翻身。

31　**一諾重千金**

家長如果向孩子許了諾，到最後就一定要
兌現。對於一時不能兌現的，要向孩子解
釋清楚不能兌現的原因。

38 培養孩子的上進心

俗話說：「嚴是愛，鬆是害，不管不教要變壞。」只有讓孩子在家庭生活中，既感到爸爸媽媽的關懷與溫暖，又感受到父母嚴格要求自己的拳拳之忱，爸爸媽媽的教育才能產生最佳的激勵作用。

43 拓寬孩子的想像力

孩子在小時候，喜歡編故事、講故事，有時講給小朋友聽，有時講給爸爸媽媽聽，有時還自言自語。家長應該看到這既是訓練表達能力的好機會，也是發展想像力的好機會。

49 智慧，來自於提問

父母如何保護孩子的這份天賦呢？一要學會欣賞孩子所提的問題。當孩子給你提出問題時，應該加以讚揚。

55 分數不代表孩子的未來

要冷靜。不要一看到孩子的分數考低了，就不問青紅皂白的把孩子臭罵一頓，更不要拳腳相加，嚇得孩子以後再也不敢把低分試卷拿給家長看。

方法正確就能培養出高智商的孩子

——學習能力培養中的心理學

62 「一事不成」並非終身無成

對有能力考上自己理想中大學的孩子，要鼓勵他刻苦學習。在這一過程中應時刻告誡自己的孩子：人才首先要學會做人，然後才能成為人才。

70 一邊受傷一邊學堅強

當孩子遇到挫折的時候，重要的是幫助他學會清理思緒，也就是要分析失敗的原因，找到了失敗的原因之後就要考慮下一步該怎麼做，然後重整旗鼓，為下一次的挑戰做準備。

77 百害而無一利的自我否定

父母和孩子在生活中應該是一種亦親亦友的關係，既在生活起引導作用，又能夠及時地瞭解他們內心感受，多從他們的角度去「看」這個世界。

84 抬頭的含羞草

不要過於敏感。凡事盡可能往好的方面想，多看積極的一面。平時注意多培養自己的良好情緒和情感，相信大多數人是以信任和誠懇的態度來對待自己的。

C H A P T E R

0 3

告訴孩子：「你真棒！」

——個性培養中的心理學

89 庸人自擾最煩惱

自信是治療青春期焦慮症的必要前提。家長可透過鼓勵、讚美、暗示等方式幫助孩子正確認識自己，樹立自信，使他們相信自己有處理突發事件和完成各種任務的能力。

96 驕兵必敗

對於青少年兒童來說，自我評價首先取決於周圍的人對他們的看法，家庭則是他們自我評價的第一參考背景。

104 正確處理偶像崇拜

跟孩子一起去「追星」，瞭解孩子心中的偶像，和他們談談偶像，在評價中慢慢地感受「潤物細無聲」。

110 「人要衣裝」並非「人靠衣裝」

幫助孩子理解青春自然就是美和修飾美的區別。告訴孩子「只買對的，不買貴的」，重要的是大方得體、符合場合。

CHAPTER
04

風雨和陽光一樣美麗
——情商培養中的心理學

116 讓孩子與老師融洽相處

鼓勵孩子多與老師交心。如果孩子過於害羞、膽怯，那麼可以鼓勵孩子以書面的方式與老師交流，並主動寫出自己的打算、措施。

121 正確看待孩子的異性朋友

家長透過與孩子一起散步、看電影、看電視、遊戲娛樂和讀書看報等活動，可以使其生活豐富多彩，將注意力轉移到學習和各種健康愛好上。

129 別擔心，他只是孩子的「死黨」

在溫馨親切的氣氛中，採取循循善誘的方法，擴展孩子的同性交往圈，同時讓孩子在與異性的交往中，感受到異性的優點。

136 獨立，才能思考

沒有獨立思考的孩子，就沒有獨立性。要
培養孩子的獨立思考，就要提拱一些機會
給孩子自己去思考，去感覺：什麼是對，
什麼是錯，什麼應該做，什麼不應該做。

141 他的時間由他做主

該玩的時候，就讓孩子們去玩。不要在雛
鷹剛學會飛翔時就為它規劃好飛行的軌
道，那他們永遠也飛不高。

150 尊重孩子的隱私

保護好孩子的隱私就是尊重孩子的人格。
這方面做好了，孩子們才會把你當成他們
的知心朋友，才會告訴你關於他們的祕密。

157 自己的事情自己做

獨立的生活能力是培養孩子未來獨立性的
基礎。獨立性是一個人非常重要的心理品
質，對人一生的發展和成才起著至關重要
的作用。

C H A P T E R

05

獨立，才能思考

——自立教育中的心理學

162 **挫折教育的最新觀念**

培養孩子面對挫折的恢復力，樂觀的孩子
不是沒有痛苦，而是能很快從痛苦中解脫，
重新振奮。父母和家長應認真培養孩子在
「黑暗中看到光明」的自信心和技巧。

174 **勞動是最好的賺錢方式**

家長一定要耐心鼓勵和幫助孩子獨立做這
些事，切莫為圖省事而包辦代替，要讓孩
子對勞動產生愉快的情緒體驗。

182 **窮人的孩子早當家**

失業的父母，請昂起頭來，做生活的強者，
同時，也教你的孩子昂起頭來，做生活的
強者。

191 **父輩的成功與孩子無關**

培養獨立性需要給孩子自由。做家長的不
要給孩子制訂各式各樣的清規戒律，應解
放孩子。對孩子提出的意見要循循善誘，
切忌扼殺。

CHAPTER

06

不要把財富留給孩子
——財商教育中的心理學

198 培養理財能手

父母要有正確的消費觀念和消費行為，引導青少年不攀比，不追求名牌。對於孩子的不適當要求，家長要敢於說「不」。

203 玩遊戲也要節約子彈

告訴孩子一些驚人的數字：假如我國有二千三百萬人口，如果每人都省下一塊錢，就可以省下二千三百萬元。這些錢，可以讓貧困地區的孩子得到就學的機會。每人每天節約一兩稻米，全國人口節約的稻米量，就可供一個小國家的人口吃上一個星期。

208 叛逆是種成長宣言

隨著孩子進入青春期這個人生的特殊年齡階段，家庭關係也必須做出相應的調整，而這種關係的建立需要以相互理解為基礎，以溝通為原則。

215 讓醜小鴨變成白天鵝

父母應該告訴孩子：人生是變幻無常的，逆境也絕不會一成不變。也許，今日的逆境，將會造就未來的成功。

CHAPTER

07

走過、路過也要錯過

——情緒管控中的心理學

224 抑制虛榮的種子

要立足於健康的而不是病態的比較,如:
比成績,比能力,比投入,而不是貪圖虛
名,嫉妒他人表現自己。

230 不做獨行俠

孩子的孤獨感並非一無是處。青春期的孤
獨是心理成熟的現象,它意味著一個人已
經開始把自己的興趣從對外界事物的關注
中撤回來,回到了自我。

237 當孩子嫉妒別人時

讓孩子不用去理會那些心胸狹窄、刁鑽的
嫉妒者,請相信,清者自清,時間是最好
的緩衝劑。

244 憤怒是魔鬼

一個人在生活中對自己的認識與評價,和
本人的實際情況越符合,他的社會適應能
力就越強,越能把壓力變成動力。

249 誰是誰的依賴

依賴心理主要表現為缺乏信心,放棄了對
自己大腦的支配權。這類的孩子往往表現
出沒有主見,缺乏自信,總覺得自己能力
不足,甘願置身於從屬地位。

Build

a

future

for

your

kids

**請用 正確的態度
打造 孩子的未來**

CHAPTER

01

孩子，
你知道我是愛你的嗎？

——口才教育中的心理學

你會說話，很可能還可以談古論今滔滔不絕，但你是否有這樣的體驗：

自己的話被孩子反抗、牴觸甚至漠視？

「刀子嘴豆腐心」的激將法也試了，「苦口婆心」的勸慰法也用了，

但常常沒有效果？

看來，你需要上堂口才課，學學怎樣誇獎、如何批評、怎麼讚美。

好孩子 是誇出來的

　　美國心理學家為了研究母親對人一生的影響，在全美
選出五十位成功人士和五十名有犯罪記錄者，分別給他們
去信，請他們談談母親對自己的影響。其中有兩封來信說
的都是同一件事——分蘋果，讀來頗耐人尋味。

　　一封信是一個在監獄服刑的犯人寫的：小時候，有一
天媽媽拿來幾個蘋果，大小不同，我非常想要那個又紅又
大的蘋果。

　　媽媽聽了，瞪了我一眼，責備地說：「好孩子要學會
把好東西讓給別人，不要總想著自己。」

　　於是，我靈機一動，改口說：「媽媽，我想要那個最
小的，把最大的留給弟弟吧！」

　　媽媽聽了非常高興，把那個又紅又大的蘋果獎勵給
我。從此，我學會了說謊。

　　另一封信是一位來自白宮的著名人士寫的。小時候，
有一天媽媽拿出幾個蘋果，大小不同。我和弟弟都爭著要
大的。

　　媽媽把那個最紅最大的蘋果舉在手中，對我們說：「這

個最大最紅的最好吃，誰都想得到它。很好，現在讓我們來做個比賽，誰做得最快最好，誰就有權得到它。」

我們三個人比賽除草，結果，我贏得了那個最大的蘋果。我非常感謝母親，她讓我明白了一個最簡單也最重要的道理。

同樣是分蘋果，卻帶來兩種截然相反的結果──其中一個孩子學會了說謊，另一個孩子卻從中懂得了一個終身受益的道理。正如馬卡連科所言：生活中的每一件小事，每一次隨便的閒聊，每一個平常的舉止，每一個不經意的眼神──在父母的不知不覺中，都可能對孩子產生重要的影響。教育其實存在於構成孩子生活環境的各個方面。孩子若生活在批評中，他學會譴責；孩子若生活在接納中，他學會仁愛；孩子若生活在分享中，他學會慷慨；孩子若生活在公平中，他知道正義；孩子若生活在誠實中，他懂得什麼是真理。教育孩子，常常就在生活的點點滴滴之中。

每天誇孩子一句，重要嗎？日本的一項研究顯示，經常受到家長誇獎和很少受到家長誇獎的孩子，前者成才率比後者高出五倍！

許多家長和幼稚園教師都知道：如果今天誇孩子的手很乾淨，第二天他的手會更乾淨；如果今天誇他的字比昨天寫得還要漂亮，明天的字肯定寫得更工整；如果今天誇

他有禮貌了，明天他也會更注重禮貌……孩子畢竟是孩子，在受到大人的誇獎時，他不僅心情愉悅，而且也學會了什麼是對的，什麼是錯的，什麼是大人贊同的，什麼是大人反對的。

這樣，比家長直接對他說應該做什麼、不應該做什麼，效果要好得多。

每天誇孩子一句並不難，但誇獎孩子並不是一件易事。首先要誇得恰當，如果誇得不恰當，孩子就會感到是受了欺騙，起不到激勵作用。

如果誇錯了，那反而會引起不良後果。孩子會把錯的當成對的，會起到非常嚴重的不良作用，即使以後你想更改過來都很難，因為他心中的是非標準因你的錯誇而混淆了。因此，家長要時刻關注孩子的每一點細微的進步，每一個小小的優點，及時給予誇獎和鼓勵，讓孩子產生成就感和自信心，促使孩子不斷進步。

每天誇孩子一句吧！你會很快看到意想不到的效果。

為了使表揚產生較好的教育效果，爸爸媽媽規範孩子行為的過程中，應準確地掌握表揚的分寸，也就是說表揚要適度。

表揚時爸爸媽媽的感情流露要「濃淡」適度

有些家長望子成龍心切，孩子稍微有點進步就欣喜若

狂，讚不絕口，久而久之，必然助長孩子的自滿情緒。還有的家長對孩子總是恨鐵不成鋼，儘管已看到孩子有很大進步，但為了防止孩子驕傲，他們按捺住內心的喜悅，在語言、行動上無任何表示。經常這樣，必然會挫傷孩子的進取心。正確的方法是：在表揚孩子時，應重視感情的作用，盡量做到「濃淡」適度。有時對孩子輕輕的一個微笑，也會達到許多讚美之詞難以達到的作用。

表揚和批評的反差要「大小」適度

表揚不僅具有激勵、導向功能，而且具有批評功能，例如對甲的表揚在某種意義上是對乙的批評。有的家長為了督促孩子進步，總是過分籠統地誇獎別人家的孩子如何好，時間久了，無疑會使自己的孩子喪失自信心或產生牴觸情緒。

表揚的方式要「實虛」適度

對孩子的評價應該是公正、準確的。但是，當表揚作為教育孩子的一種多功能方式時，在具體運用中可以有一定的靈活性，即在堅持實事求是的前提下，允許有一點「虛」的內容。

這裡的「虛」主要指的是兩個方面：

第一，是對事實的適度誇張。例如，孩子純粹是因為好玩，揮著掃帚在院中「掃地」。爸爸媽媽明知如此也不

必道破，應及時表揚他勤勞的行為，這種誇張有利無害，因為它既是對孩子正確行為的肯定，又可以讓孩子知道，勤勞是一種美德。

第二，是對孩子將來的期望。例如孩子的美勞做得並不好，幼稚園每次畫畫，孩子總是很自卑。爸爸媽媽可以這樣說：「你現在還沒掌握方法，以後只要按老師的指導認真去畫，肯定會畫得很好！」這種鼓勵儘管超越事實，但對孩子來講是必不可少的，關鍵是要把握好表揚中「虛實」的程度。

為此，在含有虛的內容的表揚中，應該注意三點：一要有利於增進孩子自信心；二要不脫離實際；三要給孩子指明前進的方向。

給父母的悄悄話：

表揚獎勵相結合。孩子表現得好，可以適當地給一些精神獎勵和物質獎勵，如給孩子講一個有趣的小故事，或給一個小玩具、小點心等，以鼓勵孩子繼續努力。

露出你的 八顆牙齒

有這樣一個故事。年僅十五歲的女中學生小華前後離家出走多達四十五次。她父親採取說教、責罵、體罰、跪求女兒等方式均未能阻止小華離家出走的念頭和行為，反而加劇了女兒對父親的怨恨和反抗。父親最後不得已將孩子反鎖家中長達一年之久，但最終還是被女兒設計騙過逃離家門。

面對自己教育孩子徹底失敗的事實，父親傷心之餘還是把最後的希望寄託在教育專家身上。教育專家在透過與父親女兒對話瞭解孩子的成長過程之後，得出了一個令父親吃驚的結論：孩子始終缺乏家長的讚美是導致孩子不正常成長的諸多因素中的一個關鍵所在。

讚美是與批評、反對、厭惡等相對立的一種積極的處世態度和行為。一個人不管是透過語言還是透過行為，只要表達出對別人長處和優點的肯定和喜愛，都可以說是讚美。

俗話說：「好話一句三冬暖，惡語傷人六月寒。」

一句真誠的話語會給人溫馨給人感激，真誠的讚美更

會給人信心給人力量，催人奮進。

林清玄曾在報紙上發表一篇文章，極力讚美一個小偷的技藝如何高超，頭腦如何聰慧，並真誠地感歎如果此人將智慧和能力用在正道上，肯定能成大事。恰巧此文章被小偷看到，感動之餘，洗心革面，重做新人，幾年後成為一個享有盛名的企業家。此讚美的神奇功效讓人歎為觀止。

美國第十六屆總統林肯出身於貧寒家庭，以偉大的人品、鋼鐵般的意志、質樸而又高超的處世藝術，由擺渡工、律師、議員成為總統。他的處世名言是「人人都需要讚美，你我都不例外」。可是我們的孩子又有多少人能經常得到家長的讚美呢？

究其原因大致有三種情況。一是受傳統家庭教育思想的影響，總是對孩子批評的次數要遠遠大於表揚，好像只有批評才能使人進步。不是有一個詞語叫「鞭策」嗎？就是鞭策著前進，這是傳統教育思想的一個寫照。縱然對孩子很滿意，極有讚美之意，也是很含蓄地留在心底，不溢於言表。二是望子成龍是家長們的夙願。但有的父母缺乏對孩子的確切瞭解，對孩子的期望值過高，不管孩子如何努力總也達不到父母的要求，又怎能得到父母的讚美呢？三是有的家長只注重孩子的吃穿，對孩子成長中的精神、行為、習慣等缺乏全面關心和瞭解，不善於不在意發現孩

子的優點和長處，故對孩子的讚美少之又少，這也是文章開頭提到的父親教育小華失敗的真切原因。

　　要想讓孩子生活在和諧、溫暖、相互信任、相互讚美的氛圍中，使孩子養成健康向上的健康心理，能積極主動面對生活中的種種問題，從而使孩子的人生旅途充滿著笑聲、掌聲、充滿著決心和信心，那就要學會做個讚美孩子的家長，讓你的讚美成為承接孩子昨天成績與明天進步的加油站。

　　讚美其實是一種藝術的表現，父母要想演繹好這門藝術，必須要有一雙善於發現的眼睛。

　　我們的許多父母習慣於用審視或挑剔的眼光注視孩子，在這種心態的支配下，我們看到的多是孩子的缺點和不足，而當我們換一種心態，改用信任、欣賞的目光關注孩子的行為時，就會發現，原來每個孩子有那麼多的優點和長處。要想真正做到用信任欣賞的目光關注孩子，必須改變那些根植在我們思想深處的觀念。

　　不要對孩子抱有不切實際過高的期望值。面對當今日益激烈的社會競爭，許多家長望子成龍心切，都想讓自己的孩子無所不能，無所不精，各方面都力求勝人一籌。這種過高的期望值導致家長看著自己的孩子這方面不行，那方面也不行，結果是越看越生氣，越比越失望。

不以成敗論英雄，而應多關注孩子努力的過程。如果你細心觀察，在孩子的行為過程中你會發現許多美妙之處。如孩子在繪畫時的專注神情，玩玩具時的豐富想像力，遊戲中的相互合作，表演時的樂觀真誠等無一不是值得我們父母欣賞的。如我們直奔結果而去，我們可能什麼都看不到，因為孩子的行為結果可以說是沒有什麼社會價值，他們通常是為了體驗過程而去做某些事情的，這也正是孩子們的可愛之處。

讚美的藝術性還需要透過一定的技巧來展現，過度的鼓勵和讚美會讓孩子感到你不真誠，因此，讚美孩子時掌握一定的技巧是十分重要的。

讚美必須是由衷的

父母親有時對孩子興高采烈呈現過來的作品連正眼都不看一眼就隨口說：「好好，不錯。」這種敷衍式的反應會讓孩子很掃興，只會挫傷孩子的自信心，孩子是不可能得到愉快體驗的。

讚美應是具體的

另外，對他們的讚美要具體，最好是多鼓勵孩子努力的過程。這種有針對性的讚美會讓孩子明白什麼地方做得好，而且透過對孩子努力過程的讚美，自然地將努力過程與結果聯繫起來，讓他們懂得是努力導致了成功。

讚美要堅持原則

由於溺愛，有些父母無原則地對孩子的種種行為加以讚美，造成孩子是非不清，驕橫跋扈的壞習慣。孩子按大人的要求去做了並做得很好，就應該及時讚美，做了不對的事情，即使孩子哭鬧，耍賴也千萬不要遷就他、說好話。否則，讚美就會失去原有的積極意義。

學會當眾讚美

孩子應當得到讚美時，應當著別人的面前得到。孩子的成績當眾宣佈了，這就是雙重的獎勵。

讚美要有休止符

孩子經過努力做出了成績，或者他做完了他理所應當做的事情，他都應該得到讚美。但在日常生活中，注意不要重複讚美某件事情，當孩子養成良好的習慣後，就可以適當減少對孩子這一方面的讚美。讚美孩子並給以適當的獎勵或是親吻或是摟抱，都會賦予孩子一種奇妙的力量。

讚美應是及時的

及時的讚美會讓孩子很快獲得積極的情感感受，而這種感覺能更有效地促進孩子做下一步的努力。孩子做完某件事或正在進行中，就給以適當的讚美和鼓勵，效果最好。如果一時忘記了，應該設法補上去。

不要直接讚美孩子，而應該讚美孩子的具體行為

請用 正確的態度
打造 孩子的未來
Build a future for
your kids

也不要誇大其詞，這樣會使孩子沾沾自喜，自以為了不起。

如：孩子對天文十分感興趣，常常畫出天上的星座，「這孩子真聰明。」

這種讚美就顯然不恰當，而應當就事論事，可以這樣說：「這個星座真不錯。」否則，言過其實的讚美會給孩子播下虛榮的種子。

給父母的悄悄話：

現在的孩子，大多數已不滿足於「先天」給他們身體的優勢（包括長得高、五官端正等），或家境優勢等帶給他們的「現成」賜予了。他們喜歡接受這樣的讚美，諸如透過他們自己後天的勤奮努力，而取得的好的學業成績；藝文、體育活動中的高水平發揮或生活上的獨立能力等。

讚美其實是一種藝術的表現，父母要想演繹好這門藝術，首先要有一雙善於發現的眼睛。

批評 的藝術

在英國的亞皮丹博物館中，有兩幅藏畫格外引人注目。其中一幅是人體骨骼圖，另一幅是人體血液循環圖。說起這兩幅藏畫，裡面有著一個扣人心弦的故事。

原來，這兩幅畫是當年一個名叫麥克勞德的小學生的作品。麥克勞德從小充滿好奇心，凡事喜歡追根究底，不找到答案不肯罷休。

有一天他突發奇想，想看看狗的內臟到底是什麼樣的，於是便和幾個小夥伴偷偷地套住一隻狗，將其宰殺後，把內臟一個一個割離，仔細觀察。

沒想到這隻狗不是別人家的，而是校長家的，而且是校長十分寵愛的狗。對這件事，校長甚為憤怒，感到太不像話了，如不嚴加懲罰以後還不知會做些什麼傷天害理的事。

但是，到底如何進行處罰，經過反覆考慮，權衡利弊得失，校長採取了一個十分巧妙的處罰辦法：罰麥克勞德畫一幅人體骨骼圖和一幅血液循環圖。

麥克勞德很聰明，他知道自己錯了，應該接受處罰，並決心改正錯誤。於是他認認真真、仔仔細細地畫好兩幅

圖，校長和教師看後很滿意，認為圖畫得很好，對錯誤的認識態度很誠懇，殺狗之事便這樣了結了。

這樣的處理方法，既使麥克勞德認識到自己的錯誤，又保護了他的好奇心，還給了他一次學習生理知識的機會，使他對狗的解剖派上了用場。

後來，麥克勞德成了一位知名的解剖家，與醫學家班廷一起研究，發現了以前人們認為不可醫治的糖尿病的胰島素治療方法，兩人於一九二三年榮獲諾貝爾生理學醫學獎。

老校長對小麥克勞德殺狗事件的處理獨具匠心，對我們頗有啓發。

如果當初這位校長直接對麥克勞德粗暴地嚴厲訓斥，通知家長要他賠狗，那就有可能把麥克勞德身上潛在的探索慾、好奇心一同砍伐殆盡，很有可能後來他不會成為有名的解剖學家和醫學家。

相比之下，我們許多家長和老師，對孩子和學生犯錯時的處理，往往不經思考直接處罰，不善於保護孩子的積極性，甚至做了扼殺他們好奇心的蠢事。

被譽為「發明大王」的愛迪生，一生有兩千多種發明。兒時就有一顆好奇心，探索慾望非常強烈，也非常淘氣。

有一位老作家曾經說過：「淘氣的男孩是好的，調皮

的女孩是巧的。」

淘氣是孩子的天性，是好奇心驅使下的行為，是兒童認識世界、探索世界的起點和動力，對他們創造性思維的萌芽，應加以保護和引導。即使惹出一些小麻煩，捅點小亂子，也應適當地表現出寬容和諒解，要循循善誘充分說理，小心翼翼地保護孩子心靈上的潛在能力，給他們一個廣闊的自由天地。

批評是教育孩子不可缺少的重要方法之一，但如何批評孩子則是一門藝術。恰當的批評可以幫助孩子改正錯誤，達到預期的教育目的，否則，就會造成孩子的叛逆心理，起到相反的效果。

家長在批評孩子時應注意掌握以下原則：

就事論事。批評孩子要客觀，就孩子所做的這件事本身講道理，提出要求，不要加入過多的感情色彩，借題發揮。批評孩子時不可嘮嘮叨叨，將孩子以前所犯過的錯全都說出來，或者進而給孩子的這次行為下了某種不負責任的結論，這常常會引起孩子的反感。

避免說教。批評孩子時，用語要有針對性，要講他錯在哪裡，這種錯誤有哪些害處，以後怎樣改正，批評用語要易於被孩子理解和接受，不要泛泛講大道理。總是講大道理，時間久了，孩子就容易引起厭煩的情緒。

保護自尊。批評孩子不可用易於損傷孩子自尊心的惡語，如「蠢貨」。「沒出息的東西」。「沒有羞恥心」等。另外，盡量避免在眾人面前批評孩子，尤其對那些較敏感的孩子。

適當鼓勵。在孩子接受了批評並做出積極的反應後，家長要及時給予肯定和表揚，強化他的積極行動，不可置之不理。

當孩子犯錯時，父母往往一味責備孩子，甚至打孩子，一點都不講究批評的技巧，結果往往事與願違。那麼，父母在批評孩子時，應注意掌握哪些技巧呢？

低聲

父母應以低於平常說話的聲音批評孩子，「低而有力」的聲音，會引起孩子的注意，也容易使孩子注意傾聽你說的話，這種低聲的「冷處理」，往往比大聲訓斥的效果要好。

沉默

孩子一旦做錯了事，總擔心父母會責備他，如果正如他所想的，孩子反而會有一種「如釋重負」的感覺，對批評和自己所犯過錯也就不以為然了；相反，如果父母保持沉默，孩子的心理反而會緊張，會感到「不自在」，進而反省自己的錯誤。

暗示

孩子犯有過失，如果父母能心平氣和地啓發孩子，不直接批評他的過失，孩子會很快明白父母的用意，願意接受父母的批評和教育，而且這樣做也保護了孩子的自尊心。

換個立場

當孩子惹了麻煩遭到父母的責罵時，往往會把責任推到他人身上，以逃避父母的責罵。

此時最有效的方法，是當孩子強辯是別人的過錯、跟自己沒關係時，就回敬他一句「如果你是那個人，你會怎麼解釋？」

這就會使孩子思考：如果自己是別人，該說些什麼？這會使孩子發現自己也有過錯，並會促使他反省自己把所有責任嫁禍他人的錯誤。

正面引導

有些父母總是用否定性語言批評孩子，「你真沒出息」，「你太不爭氣了」，……有的儘是挖苦諷刺。如此責罵不休，真不知究竟要把孩子往正道上引，還是往邪路上推！正確的做法應該是，嚴肅認真地指出錯誤後，用肯定的語言，如「你是有出息的」，「肯定會爭氣」等，給予正確引導。任何批評，其根本目的在於激發起孩子好的行為。

父母要相互配合

孩子有了過錯，爸爸教育，媽媽愛護，豈不效果相互抵消，何談教育？當然，父母對孩子的批評教育方式可以有所差別，但必須口徑一致，配合默契。

給父母的悄悄話：

只談眼前，不翻舊賬，做錯的事已經批評過了就應該「結案」了，不要老是記著孩子以前不好的地方，這樣會讓孩子覺得他在父母面前永遠無法翻身。

如何批評孩子是一門藝術。恰當的批評可以幫助孩子改正錯誤，達到預期的教育目的。

一諾 **重千金**

孔子有個學生叫曾子。

有一次，曾子的妻子要上街，兒子哭鬧著要跟去，妻子就哄他說：「你在家等我，回來給你殺豬燉肉吃。」

孩子信以為真。

妻子回來，見曾子正磨刀霍霍準備殺豬，趕忙阻攔說：「你是怎麼了，你真的要殺豬給他吃？我原是哄他的。」

曾子認真地說：「對小孩子怎麼能欺騙呢？我們的一言一行對孩子都有影響，我們說了不算數，孩子以後就不會聽我們的話了」。

他果真把豬殺了。曾子言傳身教、以身作則，為後世傳頌。

我們的很多家長為了鼓勵自己的孩子認真學習考出好成績，便許下種種諾言，諸如考的好或名次進步幾名，給與物質獎勵，家長的鼓勵是好的，都希望孩子有所長進，但這一行為潛伏的弊端是無窮的，值得家長慎重。

如今有些家長是做生意的，經常在外沒時間管教孩子，就給孩子一些物質獎勵，促進孩子的學習，有些家長

面對孩子的教育，束手無策，唯孩子是聽，只要是與學習有關什麼條件都答應。這些學生往往在班上，成績居末，學習態度不佳，違紀現象時有發生。當然，爲了得到獎品，有的學生經過努力暫時進步了幾名，而有的學生爲了獎品鋌而走險，做出了許多考試違紀行爲，有的學生得到獎品後，往往玩物喪志，成績又直線下滑。爲什麼會出現這樣事與願違的後果呢？

美國心理學家愛德華・德西的研究成果正能解釋這一問題。

一九七一年，愛德華・德西進行了一項有趣的實驗：他讓學生在實驗室裡解答一組有趣味的智力題，若不動腦筋還真難以回答。德西把被測試的學生隨機分成兩組：實驗組和控制組，同時在不同的教室進行。實驗組的學生每做完一道題便可得到一美元的報酬，而控制組的學生做完後無任何獎勵，隔一段時間後所有學生休息一會兒，被測試的學生可以在原地自由活動。

愛德華・德西觀察發現，控制組的學生繼續解題的人數明顯多於實驗組，時間越長，這種反差就越顯著。由此，這位心理學家得出結論：當一個人正對活動充滿興趣時，給他提供外部的物質獎勵，反而會減少這項活動的吸引力・這就是著名的德西效應。

　　教育心理學的研究顯示：學生對學習內容本身的內在興趣是學習的最佳動機，此時的最好獎勵辦法是引導學生進一步探究、嘗試和交流。

　　因此，在德西的實驗中，那些有一定難度的有趣問題能激發學生的探究興趣，解出難題又正好滿足了學生的成就感這一基本的心理需求，增進了學生的學習動機。而此時如果給學生物質上的獎勵，則會使學生把主要的學習目標置於腦後而不顧，只在乎當前的獎勵，甚至於把獎勵當成學習的主要目標，轉移了學習興趣，降低學習效果，這一結果顯然與家長的初衷相去甚遠。

　　德西的實驗結論，對我們改進教育方式很有啟迪，作為一個家長，首先應該引導孩子樹立遠大的理想，增進孩子對學習的情感和興趣，幫助孩子獲得成功和樂趣；其次不能以自己的人生觀、價值觀看待成長的下一代，尤其一些經商的家長，總認為金錢是萬能的，但在教育孩子學習的問題上顯然是行不通的，這樣做會使孩子迷失方向，感受不到在實現理想的過程中的成功體驗，孩子在學習上怕吃苦，做任何事都要和利益掛鉤，在團體生活裡無服務意識，怕吃虧，我們一直所倡導的中華民族美德中的大公無私，無私奉獻皆不具備，就連最起碼的道德底線也達不到。

　　再者，家長的獎勵可以是對孩子的學習有利的，諸如

買書，或體育用品，對他的心身健康有幫助，如果獎勵一些諸如手機的東西，以便於和孩子之間的聯繫，本無可厚非，但有些學生以此在同學之間炫耀，在學生間引起攀比，就會給學校教育帶來了不良影響，有些學生上課時手機鈴聲不斷，干擾老師正常的教學秩序。

就是在開放的西方國家，中學生也是不准帶手機的，《素質教育在美國》一書中談到，在美國，學生如有不當的東西帶進學校，如手機，學校一律沒收，並不再還給學生。相比之下，我們也沒收，但沒收後要求學生家長來校認領。

一名高中學生的家長認領時還跟老師說，你們學校管得太嚴了，現在都什麼時代了，我的孩子就讀國中時我就給他買了手機。我們的道德教育效率不高，家庭教育的偏差難辭其咎。

英國作家薩克雷曾經說過這樣一句話：「播種行為，可以收穫習慣；播種習慣，可以收穫性格；播種性格，可以收穫命運。」

孩子的父母便是在孩子誠信人生中播種的人。

天下的父母都希望自己的孩子有出息，以後過著美滿幸福的生活，這一願望能不能實現，就看我們為孩子的成長做了什麼，更要看我們是怎樣做的。

　　父母教給孩子誠信，實際上也就是在教孩子如何做人。

　　家長如果向孩子許了諾，到最後就一定要兌現。

　　對於一時不能兌現的，要向孩子解釋清楚不能兌現的原因，取得孩子的理解與信任，並約定兌現的時間。家長如果遵守諾言，那麼自己的孩子才能學會守信。

　　應該提醒孩子對諾言的責任，許諾前要三思，並且及時提醒孩子兌現諾言。

　　同時也不可因為被許諾的人似乎也不在意，就對自己的諾言放任自流。如果多次這樣的話，孩子就會認為不守信也不會有什麼不良後果，就會輕視諾言。

給父母的悄悄話：

　　家長如果向孩子許了諾，到最後就一定要兌現。對於一時不能兌現的，要向孩子解釋清楚不能兌現的原因。

　　孩子的家長應該培養孩子守信的習慣，從小給孩子以嚴格的守信教育。

Build

a

future

for

your

kids

**請用 正確的態度
打造 孩子的未來**

方法正確
就能培養出高智商的孩子

——學習能力培養中的心理學

美國心理研究協會，做了一項研究來驗證遺傳因素和家庭教育，哪一個對孩子的智商影響較大。

研究的結論是：遺傳和家庭教育所起的作用幾乎相同。

也就是說：做家長的你也許沒有最高的智商，但只要方法正確，你就能培養出具有最高智商的孩子。

培養孩子的 上進心

　　上進心，是努力向前，立志有所作為的一種心理特質。
孩子的上進心，實際上就是一種積極進取的動機。

　　王獻之是王羲之的第七個兒子，自幼聰明好學，在書
法上專工草書和隸書，也善於畫畫。他七八歲時開始學書
法，師承父親。

　　有一次，王羲之看獻之正聚精會神地練習書法，便悄
悄走到背後，突然伸手去抽獻之手中的毛筆，獻之的筆握
得很牢，沒被抽掉。

　　父親很高興，便誇讚道：「此兒後當復有大名。」

　　小獻之聽後心中沾沾自喜。

　　還有一次，羲之的一位朋友讓獻之在扇子上寫字，獻
之揮筆便寫，突然筆掉落在扇子上，把字污染了，小獻之
靈機一動，便將一隻小牛栩栩如生的畫於扇面上。再加上
眾人對獻之書法繪畫讚不絕口，小獻之漸漸滋長了驕傲的
心態。獻之的父母看此情景，若有所思……

　　一天，小獻之問母親郗氏：「我只要再寫上三年就行
了吧？」

媽媽搖搖頭。

「五年總行了吧？」媽媽又搖搖頭。

獻之急了，對著媽媽說：「那您說究竟要多長的時間？」

「你要記住，寫完院裡這十八缸水，你的字才會有筋有骨，有血有肉，才會站得直，立得穩。」獻之一回頭，原來父親站在了他的背後。

王獻之心中不服，什麼都沒說，一咬牙又練了五年，把一大堆寫好的字給父親看，希望聽到幾句表揚的話。誰知，王羲之一張張掀過，一個勁地搖頭。掀到一個「大」字，父親露出了較滿意的表情，隨手在「大」字下加了一個點，然後把字稿全部退還給獻之。

小獻之心中仍然不服，又將全部的習字抱給母親看，並說：「我又練了五年，並且是完全按照父親的字樣練的。您仔細看看，我和父親的字又有什麼不同？」

母親果然認真地看了三天，最後指著王羲之在「大」字下加的那一點，歎了口氣說：「吾兒磨盡三缸水，惟有一點似羲之。」

獻之聽後洩氣了，有氣無力地說：「難啊！這樣下去，要到什麼時候才能有好結果呢？」

母親見他的驕氣已經消盡了，就鼓勵他說：「孩子，

只要功夫深，就沒有過不去的河、翻不過的山。你只要像這幾年一樣堅持不懈地練下去，就一定會達到你要的目標的！」

獻之聽完後深受感動，又鍥而不捨地練下去。

功夫不負有心人，獻之練字用盡了十八大缸水，在書法上突飛猛進。後來，王獻之的字也到了力透紙背、爐火純青的程度，他的字和王羲之的字並列，被人們稱為「二王」。

上進心，是努力向前，立志有所作為的一種心理特質。孩子的上進心，實際上就是一種積極進取的動機。

有些孩子就缺乏這種動機，究其原因，大致有如下幾種：

一、爸爸媽媽的挫傷

孩子一開始是很有上進心的，但是父母對他的上進心不屑一顧，甚至在言辭中常露出諷刺、挖苦之意。孩子的積極性一再的被打擊，有的就乾脆放棄了努力。

二、家庭環境的影響

有些家庭中，爸爸媽媽本身就缺乏上進心，工作不思進取，生活上平平庸庸，更忽視孩子情感與智力方面的需要。對孩子沒有明確的行為指導和要求，極少和孩子談話、遊戲、講故事，壓抑了孩子的上進心。

三、孩子本身的問題

孩子年齡較小，生性好玩，無法對自己做出正確的評價，無法自我約束、自我監督，因此也無法做到自我教育、自我激勵。

激發孩子做事的積極性，必須以孩子的興趣為出發點。只要是孩子感興趣的事，做起來必然有積極性，反之，影響積極性的發揮。

在日常生活中，父母激發孩子做事的積極性，通常可以採用以下幾種方法：

以親切、幽默、愉快的言語激發孩子

要注意的是，父母的態度極其重要，要站在孩子的角度，以理解孩子的語氣，肯定孩子的成績，繼而提出新的要求，這樣便會很自然地激發出孩子做事的積極性來。

引導孩子積極活動

孩子在活動或遊戲時，父母的積極參與，同樣也能激發孩子做事的積極性。透過父母的參與，可以使孩子從中得到快樂，獲得滿足，從而為「下一次」打好基礎。

尊重孩子的自尊心

家長必須鼓勵孩子做事，即使事情做得並不令人滿意，也應以讚美的話語肯定孩子的成績。父母的讚美，不僅會使孩子受到鼓勵，並能使孩子產生一種「連鎖反應」

——對新知識的學習慾望，或對舊知識持續努力深耕的動力。如果父母用諷刺或訓斥的語氣教訓孩子，只會挫傷孩子的自尊心和自信心，甚至會扼殺孩子的積極性，使其滋生畏懼、逃避的心理，更甚者會影響其一生的進取心。

給父母的悄悄話：

對孩子提出合理要求。俗話說：「嚴是愛，鬆是害，不管不教要變壞。」只有讓孩子在家庭生活中，既感到爸爸媽媽的關懷與溫暖，又感受到父母嚴格要求自己的拳拳之忱，爸爸媽媽的教育才能產生最佳的激勵作用。

拓寬孩子的 想像力

　　人類思想的進步、科學事業的發展以及豐富多彩的現代文明和社會文化，這一切都離不開人類的想像。想像力是創造力的基本要素。

　　歌德是個獨生子，父母很疼愛他，對他的教育也十分用心。父親經常帶著小歌德到公園裡遊玩，或者到田野裡散步。這些時候，父親總會教他唱些通俗易懂的歌謠，父親的用意是想在遊戲中，向兒子灌輸一些知識。

　　母親的教育藝術更不亞於父親。在歌德剛滿兩歲的時候，媽媽就每天像上課一樣給兒子講故事，先從講小故事做起，並且形成習慣。然後給兒子講一些「長篇」故事。媽媽講故事的方式也和一般人不同，她是用一種教學的形式來「實施」的。每當她講故事的時候，她的「故事教學」不是像唱獨腳戲般的一次說完，而是採用像中國式的章回小說形式一樣，每次講到一定階段，或是講到重要轉折關頭時，就突然停止，宣稱「休息」，然後讓歌德自己去聯想下面的情節發展，甚至讓他推想故事的結局。

　　小歌德總是為此做出各種猜想，有時還跑到奶奶跟前

認真商量。第二天，當母親繼續講故事之前，小歌德都會搶先說出自己設想的情節。他的母親常常因此而高興地叫起來。

父母出色的家庭教育，使歌德在文學、音樂、繪畫等多方面，都受到了良好的薰陶。歌德八歲時便已精通四國語言，成年後寫下了許多名著——如《浮士德》，一直流傳於世。

我們常常驚歎：美國在科技創新方面總是走在世界的前列！然而許多人卻不知道或不願意接受美國的《公民權法》中的兩項規定：幼兒在學校擁有兩項權利：一、玩的權利；二、問為什麼的權利。

據說，這一規定與美國歷史上的一個精神賠償案有關。

一九六八年的一天，美國一位三歲的女孩，指著一個禮品盒上的「OPEN」對她媽媽說，她認識第一個字母「O」。這位媽媽感到非常驚訝，問她是怎麼認識的。女孩說是幼稚園老師教的。這位媽媽在表揚了女兒之後，一紙訴狀把幼稚園告上了法庭，理由是該幼稚園剝奪了孩子的想像力。因為她女兒在認識「O」之前，能把「O」說成是蘋果、太陽、足球、鳥蛋等等圓形的東西。但是，自從幼稚園教她認識了字母之後，孩子就失去了這種想像的能

力。她要求幼稚園對此負責，並進行精神賠償。

此案在法院開庭時，這位媽媽作了如下辯護：「我曾在一個公園裡見到兩隻天鵝，一隻被剪去了左邊的翅膀，放在較大的池塘裡；另一隻完好無損，放在很小的池塘裡。管理人員說，這樣能防止它們逃跑，剪去左邊翅膀的天鵝因無法保持身體平衡，而無法飛行；在小池塘裡的天鵝因沒有足夠的滑翔路程，所以也只能待在水裡。現在，我女兒就猶如一隻幼稚園的天鵝；他們剪掉了她一隻想像的翅膀，過早地把她投進了那片只有 ABC 的小池塘。」

陪審團的全體成員都被感動了。幼稚園敗訴！

父母是孩子的第一任老師。然而許多的父母望子成龍心切，過早的用成人的觀點教育孩子，常常否認、甚至取笑孩子的想像力。孩子進入幼稚園後，幼稚園為了滿足家長的需求，開始教孩子許多所謂規範的知識。進入中小學之後，更是把孩子「好玩」的天性視為「洪水猛獸」，進行嚴厲的教育。在教學中，教師常常把自己的觀點強加給學生，總是強調答案規範統一。如此一來就扼殺了學生的想像力，更不利於學生創造能力的培養。

想像力是人對未知事物，在頭腦裡的一種虛幻的解釋，正因為有了想像力，才會促使人想盡辦法去實現想像中的事物。想像力是動力的源泉，在實現理想的過程中，

不斷探索，不斷失敗，繼而不斷總結，又不斷進步，週而復始，形成了寶貴的經驗，這就是我們今天學習的知識。

知識來自於生活實踐，隨著對知識掌握程度的不斷提高，人越來越能看清自然界的發展規律，反過來又促使人產生更多的聯想，其目的只有一個，那就是充分的認識這個世界，認識自己。

當今世界的許多事物在上個世紀，或者更早的時候，都存在人們的想像之中，如今透過科技的進步和生產力水平的提高，才逐一被實現。比如，電話、電視、飛機、火箭等等，不都是人們受到某種啓發或看到某種現象，從而產生想像，並在大腦裡構建藍圖，然後經歷艱苦的努力和不斷的嘗試來實現的嗎？

所以，想像力是創造力的源泉，是知識的萌芽階段，是人類走向自我解放的啓蒙老師！

指導孩子豐富頭腦中表像的儲存

因爲表像是想像的基礎材料，所以，誰頭腦中的表像積累得多，誰就有更多的進行想像的資源。在日常生活中，要啓發孩子多觀察、多記憶形象具體的東西。比如：去博物館參觀，到郊區遊覽，參觀各種公益活動，走親訪友等，都可以記住許許多多的表像。爲了記得多，記得正確，記得牢，可以請孩子用語言描述，或者家長與孩子相互描述。

還可以透過寫日記，把頭腦中的表像再次顯現出來。

在文學作品、電影、電視中，其形象化的東西特別多，讓孩子有意識地留意各種不同的人物形象和景物形象，將有利於增加表像的積累。

指導孩子擴大語言文字的積累

想像力雖然是以形象的形式為主，但也離不開語言的描述，特別是需要用口頭語言或書面語言，將想像的內容表達出來時，語言的描述使肩負起重要的作用。因此，要讓孩子擴大語言文字的積累。比如，背誦的課文要記牢，要有一本隨身的文學名句、名段摘記本，隨時把閱讀中遇到的名句、名段摘錄下來，而且要利用休閒時間多翻閱。這樣在想像時，可以拓寬想像的空間，增加想像的細密程度和豐富程度，從而促進想像力的發展。

支持孩子參加課外小組活動

課外小組活動是馳騁想像的廣闊天地。不論是音樂、舞蹈、美術、體育、書法，還是天文、地理、生物、化學、航模、艦模、電腦，每一種課外小組活動，都有許多形象化的事物會進入腦海，而且需要進行創造性想像才能完成活動任務。這對於提高孩子的想像力十分有益。當孩子們的課外小組活動成果，得到展示或者獲得表彰獎勵時，他們的積極性會更高，想像力會更突飛猛進地發展。

鼓勵孩子編故事、講故事

孩子在小時候，喜歡編故事、講故事，有時講給小朋友聽，有時講給爸爸媽媽聽，有時還自言自語。家長應該看到這既是訓練表達能力的好機會，也是發展想像力的好機會。要積極鼓勵孩子，不要冷言冷語，更不能隨便阻止。家長可以引導孩子按照某個主題去編去講，適時地給予讚美，指出不足。好的故事，讓孩子用筆記錄下來，不斷修改。長期下來，孩子的想像能力會越來越強。

給父母的悄悄話：

孩子在小時候，喜歡編故事、講故事，有時講給小朋友聽，有時講給爸爸媽媽聽，有時還自言自語。家長應該看到這既是訓練表達能力的好機會，也是發展想像力的好機會。

智慧，來自於 提問

　　父母要讓孩子從小養成勤於動腦的習慣，如：從小學會自我評價，培養自我收集、加工、提取資訊的能力，養成多角度或換一個角度思考問題的習慣等。

　　現在，一些學校經常辦學術講座，邀請最有名的教授和學生面對面做交流，奇怪的是提問的時間到了，卻沒有學生敢提問，甚至還有一些學生開始離開了會場。其實不提問是因為學生沒有去思考，所以學生就不會提問。當專家教授在演講時，我們的學生習慣「聽」，全部接納專家教授的發言內容，很少有學生做到「邊聽邊思考」、「邊聽邊質疑」的學習方法。

　　著名物理學家李政道教授曾經說：「什麼是學問？學問就是要學怎麼問，就是要學會思考問題。」

　　這就是告訴我們，學問來自於發問，要獲得多一些知識，就得要善於學習，善於發問。

　　可是，目前有許多的孩子都不願意提問題，究其原因，不外乎以下幾點：一是學習時不動腦筋，常糊裏糊塗的，到底學了些什麼也沒搞清楚，當然提不出問題。二是學習

並不是沒有問題可問，而是有問題，而不敢問或不願問，或者覺得只是一點小問題，不願意麻煩別人，或者是因為害怕提出問題後，老師會責怪自己上課沒認真聽講，或者是害怕同學笑話自己，連這麼簡單的問題也要問，或者是自己當時懶得去問別人，過後自己也忘記該問些什麼。三是去問了老師、同學或家長後，問題還沒弄清楚就半途而廢，沒有追根究柢的習慣。

父母是孩子的第一任老師。家長的每一次教育活動都必須小心謹慎。家長在和孩子的相處中，很多時候都需要進行交流。提問是交流的一個重要方式。家長應該怎樣向孩子提問，才能保護好孩子的自尊心，並激發孩子對知識產生興趣呢？

一、探索性提問

要問，就問到重點上。要做到這一點，家長可以把要求孩子掌握的重點和不懂的地方當作發問點。例如：家長可以設計提問：「為什麼會有影子？」「為什麼影子會變？」讓孩子順著問題探索影子的祕密。獲得有關影子的形成和變化的具體經驗。

二、啟發性提問

家長的提問是為了引起孩子的思考興趣。因此，家長的提問必須具有啟發性。只有具有啟發性的問題，才能喚

起孩子對學習的興趣和積極性，以激發孩子的求知慾望。例如，在日常生活中遇到有霧的早晨，家長便可以這樣問孩子：「咦，今天我們家門前的房子上怎麼披上了一層美麗的白紗呀？」以此來來啟發孩子探索「霧」的積極性。「你知道『霧』是怎麼來的嗎？」來啟發孩子考慮霧的成因。「太陽出來後，霧怎麼不見了？」進一步引導孩子追尋霧消失的原因。逐步啟動孩子的想像思維，激起孩子智慧的火花。

三、趣味性提問

七八歲的孩子注意力易轉移、易激發。家長在提問孩子的時候，要注意問題的趣味性。以激發孩子想知道更多知識的慾望。例如：「魚在睡覺的時候，眼睛會閉起來嗎？」「人用鼻子呼吸，小魚是用什麼呼吸？」「小雞有耳朵嗎？」「為什麼駱駝能在沙漠裡行走和生活呢？」「企鵝為什麼能在冰天雪地的南極生活？」一個個關於動物的問題深深的吸引著孩子，既滿足了孩子的好奇心、求知慾，又激起了孩子對探索動物的好奇心。

四、概括性提問

在親子活動中，家長若要讓孩子積極參與、樂於探索，就要逐漸提高提問題的質量。也就是說，提問題要有概括性，從而讓孩子從小養成一個學會概括的好習慣。例如：

在「影子是怎樣形成的」活動中，孩子在透過操作與實踐以後，就能逐步概括出人、樹、房子、動物等不透明的物體，在太陽、電燈、手電筒、蠟燭等發光物的照射下，都會留下陰影，這就是影子。這樣，孩子既可以認識光和影子的關係，又可以讓具體直觀思維逐步向抽象概括思維發展。

家長在提問的時候還應該注意以下兩點：

一、提問要有層次性

提問要由淺入深，使孩子有系統的掌握科學知識。

比如，在野外遊玩的時候，家長要讓孩子認識「奇妙的根」時，可以這樣提問：「這些植物的根在哪裡？」、「它們是長什麼樣子？」、「每種植物的根是否都相同？為什麼？」、「根有什麼作用？」等等。

透過提問的環環相扣，孩子就能對根的知識有較系統、全面的瞭解，同時也培養了孩子在日常生活中良好的觀察與思考的習慣。

二、提問要有開放性

開放性提問，能使孩子沒有拘束，較積極、大膽地探索，毫無保留地表達自己的看法。

比如：在「認識空氣」的親子活動中，家長可以這樣提問：「哪裡有空氣？」、「空氣有什麼用處？」或是在「認

識沙」的親子活動中，家長可以這樣問：「沙是什麼樣子的？」、「用手捏沙有什麼感覺？」等等。

這些問題沒有限定答案，孩子可以充分的展開想像的空間，用這種方式可以培養出孩子多元化的思維。

孩子出生後時時都在探索著五彩繽紛的世界。父母該如何保護孩子的這份天賦呢？

學會欣賞孩子所提的問題

當孩子對你提出問題時，家長應該加以讚揚的說一聲「孩子真會動腦筋」、「孩子你真的很棒，你提出的問題媽媽都沒想到過」。

耐心地傾聽孩子的問題

當孩子對你提出問題時，父母絕對不能漫不經心，甚至諷刺挖苦：「這麼簡單的問題也不懂！」、「你有完沒完，累不累？」父母要真誠的面對孩子的問題，才能保護孩子的求知慾。

實事求是地對待孩子的問題

孩子的頭腦沒有框框，他上至天文下至地理都會發問，讓人很難回答，這時家長一定不能不懂裝懂，而是應該實事求是。如果你對他說「孩子，這個問題很有挑戰性，我們一起查查百科全書怎麼樣？」或「這個問題你將來學了化學課後，也許能弄明白」，孩子一定會嚮往著在知識

的海洋中衝浪。

給父母的悄悄話：

　　父母如何保護孩子的這份天賦呢？一要學會欣賞孩子
所提的問題。當孩子向你提出問題時，應該加以讚美。

分數 不代表孩子的未來

　　如果對孩子的學習分數採取理智客觀的態度，則會對孩子的學習產生巨大的動力。

　　家長關心孩子的學習分數是無可厚非的。但並不是每一位家長都能使自己的關心，變為孩子學習的動力。據調查顯示，目前社會上家長對學習分數的態度以及由此而引起的某些行為，確有不合理的現象存在。這些現象的存在直接影響了孩子的學習。

　　如果對孩子的學習分數採取理智客觀的態度，則會對孩子的學習產生巨大的動力。

　　一般說來，家長對孩子分數認知的錯誤觀念，有以下兩個方面：

　　一、片面誇大分數的功能，以分數高低做為判斷學習優劣的唯一標準，分數從形式上看簡單直觀，一目瞭然

　　家長看到孩子考試分數比前次考試進步了，就喜上眉梢，認為孩子在學校認真學習，所以成績進步了，進一步推論孩子懂事了，在學校各方面的表現肯定優秀。於是乎各種獎勵接踵而來。更有甚者，放鬆對孩子的要求，對孩

子的缺點也睜一隻眼，閉一隻眼。反之，若分數退步了，就認為「不爭氣」、「沒出息」，枉費了老師、家長的一片苦心，進而推論出孩子「太笨」、「沒有希望」，甚至認為孩子的成績既然不好，那麼在道德品格、行為習慣方面肯定也表現不好。因此與孩子相處時容易失去耐心，甚至惡語相譏，拳腳相加，傷害了孩子的自尊心與自信心。一小學生因考試分數未達到家長的要求，而被家長活活打死的慘痛事件，就是家長片面誇大分數功能而導致的惡果。

片面誇大分數功能的另一典型現象為：有部分家長將孩子的考試分數當成自己的「炫耀品」，可以壯大自己的身分，讓自己在同事、親戚朋友面前面子十足。若孩子得了高分，就感到光彩，有面子，很自豪。若分數不如人，則覺得臉上無光，認為自己的孩子沒有教育好，出門矮人半截。

有以上這些行為的家長，均是不考慮分數的多重功能，只會要求孩子以獲取高分做為學習的唯一目標，忽視孩子的思想品質、性格修養、身體素質等諸多方面的全面發展，忽視孩子的個性差異和能力差異的客觀存在，無疑會形成孩子對學習的負面壓力，導致有些孩子在獲取高分無望的情況下，採取作弊、塗改分數等不正當行為，來欺騙家長。這樣不但不能促進學習，反而會影響孩子思想品

質的健康發展。

二、狹隘的、片面的分析分數，從而得出錯誤結論

產生這一錯誤觀念的原因是，有些家長不完全瞭解，有許多因素會影響分數的高低，有很多因素會影響既得分數的信度與效度。有些家長，只比較同一學科前後幾次考試的得分多少，就以此來判斷孩子這一學科的學習好壞。也有家長狹隘的去比較同一次考試中，幾門學科分數的高低，以圖發現孩子在學習上的弱點。有許多家長在學期初，就告訴孩子期中和期末考試必須達到規定的分數，並將它當作本學期的學習指標，要求孩子完成。

不能正確分析分數，會被表面現象迷惑，最終將使家長、孩子都被誤導而進入學習的誤區。僅因某次分數的退步就否定孩子學習的進步，會使孩子失去學習興趣。而僅依據某次分數的表面分析，來指導孩子學習時間與精力的分配，無疑會使孩子忽視真正的困難，而得不到真正的幫助，因而使問題長期得不到解決。久而久之，等到問題出現時，很可能良機已失，悔之晚矣。

那麼家長應如何看待分數，以充分發揮分數的功能，使分數成為促進孩子學習的催化劑呢？以下就這個問題提幾點建議：

第一，瞭解考試目的

考試目的不同，反映出來的問題就不同。只有明白考試目的，才能看出考試反映的問題。比如，有的孩子在偏重於學理知識的考試中分數高，而在偏重於學理運用的考試中分數可能不高。家長就不能單從兩次分數高低，來判斷孩子的學習退步或進步，忽略孩子能力發展方面的問題。再比如，平時的隨堂考試題目，其難度往往要小於學期中考試和期末總結性考試。因此，期中考試的高分並不一定就表示期末考試也會「豐收」。

第二，認真分析分數的信度和效度

分數的信度和效度可以簡單地理解成分數的真實性。有許多因素會對分數的真實性產生影響。因此，家長在分析分數時，有必要與孩子一起認真分析此次考試孩子甚至全班、全校考試的分數真實性。只有對分數的真實性有了深刻的認識，才能依據「修正」以後的分數來分析問題，得出正確的結論。

第三，善於從分數的分析中，發現孩子的進步，並及時給予恰當的表揚，以充分發揮分數的激勵功能

當孩子學習成績進步時，家長的肯定與表揚能使孩子感受成功的喜悅，產生強烈的學習動機。

當孩子學習成績退步時，更需要家長的鼓勵與幫助。從孩子的諸多不足中發現孩子的特點，最能展現出家長的

教育水準。

比如：若總分下降，單科的分數有無進步的？從知識結構看，有無掌握較好，退步不多的部分？即使孩子某次考試一團糟，幫助他的最好辦法仍然是以發展的眼光看他，鼓勵他克服困難，相信他能透過自己的努力，迎頭趕上，考出理想的分數。那種否定孩子的可塑性，一棍子打死的做法，只會撲滅孩子的希望之火，使其自暴自棄。

家長若能客觀的分析分數，並對孩子學習分數的高低採取明智的態度，對孩子的學習會有很大的幫助。明智的家長在孩子考出理想成績時會提醒他不要驕傲，不要輕浮，要腳踏實地，一步一腳印的去迎接更艱巨的挑戰；而在孩子考試失利時，會給予孩子最渴望得到的安慰和鼓勵，然後幫助孩子分析失利的原因，樹立不怕困難、迎頭趕上的勇氣。這樣，孩子才能以更優異的成績來回報關心他、愛護他的父母。

大多數的家長都愛聽孩子得高分，一聽低分就難受，輕則訓斥，重則打罵。難怪現在的孩子撒謊的多，這些都是父母逼出來的。逼的結果還不止這些，最可怕的是當孩子再次得低分時，他不是考慮如何總結經驗教訓，而是想該如何逃避父母的打罵，有的乾脆不上學了。那麼，如何對待才是積極有效的呢？

以下的一些方法可供參考：

注意聽孩子分析解釋，全面考慮和評價

有的時候分數低不低，要看全班的總平均。比如：全班數學的總平均成績是四十分，而孩子考了六十分，可能就是班上的「頂尖人物」了。此外，是單項差還是全部都差，要看孩子其他科目的分數，不要只看一門課程考試成績差，就說孩子學習差，如果孩子因一門功課差，而感到自卑、氣餒，家長應在鼓勵的同時，用其他科目的好成績來調整孩子的情緒。

看孩子是真差還是假差

孩子的素質不可能在某一次或幾次的考試分數上，全面反映出來。如果孩子考試成績，是靠死記硬背得來的機械式的答題，這是真差；如果孩子反應靈活，答題具有創造性，有時雖然分數不高，這是假差。

要看考試的內容

有的是單元測驗，有的是全冊測驗，有的是單課測驗，有的是綜合練習。家長要看試卷區別對待，如果是單元測驗或單課測驗分數考低了，有可能是孩子對某部份的內容不瞭解或不懂，要提醒孩子注意，如果是期末或綜合練習考分低，就要引起重視，尋找原因。

看孩子是特差還是稍差

　　對於稍差一點的，家長不要誇大其辭，以免傷害孩子的自尊心，削弱孩子對學習的積極性。對於特差的孩子，家長要與老師共同商量對策，或請教兒童心理醫生。

給父母的悄悄話：

　　要冷靜。不要一看到孩子的分數考低了，就不問青紅皂白的把孩子臭罵一頓，更不要拳腳相加，嚇得孩子以後再也不敢把低分試卷拿給家長看。

「一事不成」 並非終身無成

　　社會是需要多方面、多層次的人才的，要做到人盡其才，而不是人唯高才。因而，孩子的出路並非只有一條。

　　李寧是世界體壇上一顆璀璨奪目的明星，他創造了體操史上空前的奇蹟。然而有關他小時候的故事，或許知道的人並不多。

　　李寧的父親是個小學教師，從小家境貧寒，但父親對幼小的李寧寄予了很大的期望，一心要把兒子培養成音樂家，因此讓他常聽音樂，親自教他練聲學琴，甚至經常為兒子舉行家庭音樂會。

　　後來，父親發現李寧學習沒有進步，學琴心不在焉，放學後常不知去向，到了很晚才回家。

　　一天，父親來到兒子的學校，看到李寧趴在體操室的窗臺上，目不轉睛地往裡面看，然後又跑到操場翻起筋斗來。

　　父親看得很仔細，跑過去抱住李寧問道：「寧寧，你想練體操嗎？」

　　李寧用力點了點頭：「是的，爸爸，讓我練體操吧！」

父親看著兒子那期待的目光，陷入了沈默。

此時，父親的心情不免有些悲哀，他一輩子幻想當音樂家沒成，現在連讓兒子當音樂家的美夢也破滅了。但他並沒有絕望，因為他已經在痛苦中醒悟——音樂乃人之心聲，勉強不得；與其拉牛上樹，不如放之青山。

於是，他把大腿一拍，說：「好，爸爸支持寧寧學體操。」

從此，李寧，這顆世界體操的巨星產生了。

在李寧獲得巨大成功時，有記者問他最想感謝的人是誰，他毫不猶豫地說：「是我父親，假如他沒有放棄初衷，也就沒有現在的我！」

時至今日，全世界的人都可以證明，李寧的天賦在體操。

如果當初他的父親執拗於己見，非讓他學習音樂不可，其結果不但當不了音樂家，而且也埋沒了一顆體操新星。由此可見，興趣是成才的必備條件，教育孩子要考慮他們的個性特點，因材施教，切不可將自己的意志強加於孩子身上。

當今社會，人們對子女的成長極為關注，這與社會生存競爭的需要是緊密相關的。而且，由於獨生子女在家庭中的地位，也迫使家長望子成龍、望女成鳳的慾望，比以

往任何一個時期都更為強烈。

實際上當孩子還在媽媽的肚子裡面，孩子的父母就已安排好一條成功的培育之路。從孩子牙牙學語、幼稚園、小學、國中一步步地緊跟其後，耐心與煩惱同在、希望與挫折並行。吃了數不清的苦，受了道不完的氣，同時也享受過無數次培養兒女成功後的喜悅。

「望子成龍」是每位家長的願望，每位家長都希望自己的孩子能出人頭地有出息，但每個家長都有不同的「望子成龍」觀念。當孩子進入名校後，家長似乎也正在進行百米賽跑中的最後衝刺。他們急切地希望自己的孩子能不斷進取，按照原先設想好的藍圖，完成學業進入白領領域。且不說光宗耀祖，最起碼已盡了一項莊重的義務，完成了為人父母的責任。所有的這一切應該說是人之常情。然而，我們身邊還有一些孩子不願意繼續深造，或者願意到其他的領域另謀發展，這可能與一些家長的期望值有一定的距離。

在孩子唸書階段的教育過程中，家長如果遇事沉著，處事沉著，做事認真，這對他們的孩子就會產生潛移默化的作用，會在他們遇到挫折時，能正確地面對現實，從自己的實際出發，不至於茫然不知所措，更不會放任自流。如果再加上家長的引導，孩子就不會走太多的冤枉路，特

別是對待今後的出路問題上。一定要從孩子與社會的實際
情況出發，隨時調整自己的期望值，把握好孩子的定位，
使孩子時時看到希望，並在希望中生活、學習。

　　同時，自己也應該時時充滿自信與樂觀，爲孩子做出
榜樣。有志者事竟成，讓自己的孩子一步一腳印地在希望
中走向未來。

爲孩子擬定一個切實可行的奮鬥目標

　　讓孩子看到希望，只要經過努力就能達到目標，使他
們對學習越來越有興趣，越來越有衝勁。這裡的目標定位
很重要，定高了不切實際，使孩子感到奮鬥無望，力爭不
及，這樣一來會使自己的努力付之東流。定低了也不行，
因爲這樣會使孩子感到人來到世間太輕鬆了，不知生活的
艱辛，尤其不知父母的辛勤養育之苦，到頭來仍使自己的
上述努力落空。

　　目標定位應以適中爲宜，也就是說，孩子必須經過努
力才能達到，稍有放鬆就難以實現，並使他們時時看到希
望，事事想著目標，這才是上述努力的目的所在。

將分數和金錢區隔開來

　　家長對子女的教育是潛移默化的，既要嚴格，也要切
合實際，不能用金錢做籌碼來換取優異的成績，這種做法
不但不能激勵孩子學習，反而會將孩子引入「金錢至上」

的錯誤觀念上，因為這種高薪教子，未必能換來子女成
「龍」。因此，我們在對孩子的教育過程中，要正確處理
自己的財富，不要給孩子鋪就現成之路，而是讓孩子從小
就吃一些苦，受一些挫折，使孩子從小就確立正確的理想
和道德，有一個健康的心態，學會獨立思考的能力、適應
社會的本領、戰勝困難的勇氣。

成長不等於成才

很多父母將孩子的成長與成才想成等同，因此往往忽
視成長的速度快過成才的速度，甚至將成才片面化，認為
成才就是要有高學歷。其實，社會是需要多方面、多層次
的人才的，要做到人盡其才，而不是人唯高才。因而，孩
子的出路並非只有一條：擁有高學歷。許多的專科及技職
類院校同樣是他們求學成才的去向。

另外，高中畢業後沒有考上大學，走上社會成為自食
其力的勞動者，也是另一種形式的成才之路。在謀生的征
途中也可以自學深造，這樣的事例在世界各個角落，都有
著數不清的人在實踐著，他們用自己的行動告訴世人：世
上千百行，行行出狀元。

從孩子的實際出發，及時調整自己的期望值

對有能力考上自己理想中大學的孩子，要鼓勵他刻苦
學習。在這一過程中應時刻告誡自己的孩子：人才首先要

學會做人，然後才能成為人才。

而對於因各種因素無力考上學校的孩子，作為家長的更應該靜心分析一下自己孩子的實際情況，切不可魯莽心急，草率的放棄管教，也不能怨天憂人。

看清孩子成長過程中，一些以前未曾注意的因素

當今社會是一個開放的社會，孩子的成長環境已遠遠不同於其父母當年求學時的情景。經過認真分析後，再與孩子平心靜氣地談談自己的想法，以求得共識。同時身為孩子的父母親也要聽聽家裡親戚朋友的看法，更要與學校老師交流孩子在學校中的實際情況。

給父母的悄悄話：

對有能力考上自己理想中大學的孩子，要鼓勵他刻苦學習。在這一過程中應時刻告誡自己的孩子：人才首先要學會做人，然後才能成為人才。

Build

a

future

for

your

kids

請用 正確的態度
打造 孩子的未來

CHAPTER

03

告訴孩子：
「你眞棒！」

──個性培養中的心理學

剛剛沉浸在「我家有子初長成」的快樂階段沒多久，卻發現原來這竟是個「多事之秋」──孩子越來越不聽話，自己的權威也不斷受到挑戰，這究竟是怎麼了？

不要怪孩子變化快，只是因為做家長的你沒有真正走進孩子的內心世界。

一邊受傷一邊學 堅強

看看你的孩子是否有以下幾種反應，如果回答爲「是」，那麼你要小心，你的孩子很有可能正受到挫折的傷害。

一、焦慮

常常表現出煩躁不安、厭食、失眠、健忘、喜怒無常等症狀，伴有恐懼和不安的表現。

二、直接攻擊

對準引起挫折的人或物直接發起攻擊，如怒目而視，開口罵、動手打，以解心頭之恨。

三、間接攻擊

撕毀書本、摔文具或在同學中間無端地發洩，把攻擊目標指向了與產生心理挫折毫不相關的人或物上，尋找「代罪羔羊」。

四、冷漠

表面上漠不關心，無動於衷，實際上是個體內心在壓抑著憤怒的情緒。

如果將幸福、歡樂比做太陽，那不幸、失敗、挫折就

可以比作月亮。人不能只企求永遠在陽光下生活，在生活中沒有失敗挫折是不現實的，也是不可能的。心理學家使用挫折一詞來指人們不能達到某種目標的情形，簡而言之，你希望得到某種東西沒有得到，這就叫挫折。

挫折在人的一生中是不可避免的，不要哀歎自己為什麼那麼倒霉，總是遇到不如意或是失敗，其實每個人都會遇到挫折，只是挫折有大有小而已。可能許多孩子都曾聽過「天將降大任與斯人也，必將苦其心智，勞其筋骨，餓其體膚，空乏其身」這句話。也就是說，做任何事情要想獲得成功，就必須得付出代價，而遇到挫折和失敗是所付出的代價的一部分。遇到失敗或是挫折並不可怕，關鍵的是你如何對待挫折，不能一遇到挫折就心灰意冷、一蹶不振。

在心理學上，挫折是指當個體從事有目的的活動過程中，遇到障礙而受到干擾致使個人的動機不能實現，需要不能滿足時的緊張狀態與情緒反應。它是一種主觀感受，因人而異。因為人的目的和需要不同，同一種活動對於不同的人可能會造成不同的主觀感受。比如，有的孩子對自己得要求不高，考試只要能及格就可以了；但是有的孩子不達到一百分就覺得沒有考好，就會有挫折感。

一般認為挫折給人帶來的只有災難、失意和無情的打

擊。事實上，挫折對個人來說，也具有「利」和「弊」兩種特性。「利」者，它能夠引導人不斷提高認識能力，增長才幹，古人云「不經一事，不長一智」就是這個道理；「弊」者，它使人內心痛苦、情緒紊亂、行為偏差，甚至引起種種疾病或輕生的舉動。對挫折的兩種特性的認識，有助於我們在挫折面前採取理智的、積極的態度。

產生挫折的原因有很多種，對於任何具體的心理挫折，應具體地分析其產生原因，但就一般而言，可以歸納為客觀和主觀兩大方面。

一、客觀原因

一般來說，來自自然因素的心理挫折不是主要的，由社會因素而造成的心理挫折往往對人的影響更大。社會因素主要是指人在社會生活中所受到的人為因素的限制和阻力，例如同學之間的衝突矛盾、家長和老師的不理解、對某些課程缺乏興趣等等，都是心理挫折產生的社會因素。

中學生處於思想尚未成熟階段，對於挫折缺乏心理準備，也不具備足夠的經驗和能力去應對，因此社會因素所致的各種挫折，對學生本身行為所發生的影響很大。例如有位學生，國中階段一直是模範生，但上了高中後，儘管自己仍很努力，成績總是不理想。父母親望子成龍，整天沒完沒了地嘮叨，給他增加了很大的壓力。臨近聯考時又

因塡志願與父母發生了衝突，一氣之下，他沒有參加聯考，放棄了升學的機會。

這充分說明，來自社會因素所致的各種挫折，對於尙未成熟的中學生在心理和行爲上會產生很大的影響。

二、主觀原因

從主觀方面來看，由於個人的容貌、身材、體質、能力、知識等條件的限制，使自己所要追求的目標不能達到而產生挫折。

例如：有些女學生夢想當空姐，飛向藍天，但由於自身條件不夠，所以，不能實現自己的願望。這種心理挫折就是由主觀原因引起的。

另外，每個人心中都有自己的奮鬥目標和動機要求，當個人慾望與國家或團體利益、與社會道德標準發生矛盾時，內心也有可能產生挫折，這種挫折主要也是由於主觀原因引起的。

告訴孩子你也曾經遭受到挫折的困擾，將孩子的心態平穩下來

將自己的挫折故事講給孩子聽，不但能幫助孩子認識到挫折在所難免，還能讓孩子將自己的挫折感受以及原因向父母親傾訴，達到溝通的目的。

讓孩子清楚的瞭解到：每個人由於自己能力的限制，

客觀條件的限制，做任何事情都不可能總是成功的，挫折的確在所難免。因此，當孩子遇到挫折的時候，要讓他懂得不要怨天尤人，也不要自憐自惜，認為自己一無是處，或是一遇到挫折就垂頭喪氣，一蹶不振。

理出受挫的原因

既然挫折在所難免，那麼當孩子遇到挫折的時候，重要的就是幫助他學會理清思緒，也就是要分析失敗的原因，找到了失敗的原因之後就要考慮下一步該怎麼做，然後重整旗鼓，為下一次的挑戰做準備。

不要否定孩子，也不要讓孩子自我否定

當孩子受到挫折時，自身很痛苦，但父母這時候不要只是一味地否定孩子，特別是不要用「你真笨」這幾個字來否定孩子，因為這三個字對孩子的自信心無疑是一個致命的打擊。

任何人都會遇上自己不會或不懂的問題，即使再有學問的人，也是有他們不知道或不懂的東西。要記住：凡事盡力皆無悔！只要孩子盡力了，就可以了。

找一些簡單的事情讓孩子做

當發現孩子因為某件事情受到挫折的時候，交給孩子去做一些他力所能及且能完成的事情，並注意對孩子進行鼓勵和讚美，從而恢復他的自信心，進而讓他有信心能夠

戰勝挫折。

增強孩子的心理耐受力

所謂心理耐受力是指當個體遇到挫折時，能積極自主地擺脫困境並使其心理和行為免於失常的能力。積極的心理耐受力來自於個體的心理韌性。而所謂的心理韌性，是指個體認準一個目標，並長期堅持向這一目標努力。

告訴孩子挫折也是好的事情，因為在對諾貝爾獎的得主進行調查之後，結果發現，他們當中有百分之五十以上的人都有過坎坷不幸的童年。

愛迪生曾經說過：「偉大人物最明顯的特質就是他有堅強的意志，不管環境變換到何種地步，他的初衷與希望仍不會有任何改變，而終於克服障礙以達到所期望的目的。」

增強孩子的能力，以增強自信

當孩子已經清楚如何面對挫折時，父母應該協助孩子分析失敗的原因，以便日後面對新的挑戰和困難。但是做父母的一定要知道，一個孩子如果總是遇到失敗和挫折，這無疑對他的自信心是一個沉重的打擊。

那麼這就需要我們有意識的在平時加強孩子的能力，盡可能的挖掘孩子的潛能，這樣才能為孩子的成功打下了良好的基礎，而每一次成功的體驗，不管大的成功抑或小

的成功，都會增強孩子的信心，這樣孩子就會願意去嘗試
更具挑戰性的事情，於是就形成了一個良性循環。

而成功的體驗和較強的能力使孩子在面對挫折時不至
於不知所措，灰心喪氣，失去希望和進行努力和嘗試的信
心。

給父母的悄悄話：

當孩子遇到挫折的時候，重要的是幫助他學會清理思
緒，也就是要分析失敗的原因，找到了失敗的原因之後就
要考慮下一步該怎麼做，然後重整旗鼓，為下一次的挑戰
做準備。

百害而無一利的 自我否定

　　近年來，青少年自殺事件時常見諸報端，引起了社會廣泛的關注。十五到三十四歲的自殺人口已佔自殺死亡人數的百分之四十，十八到二十歲是自殺人口的高峰年齡層，為何在如花一樣的年齡選擇死亡？仔細分析起來，其中原因千差萬別，根據心裡學者的研究成果，對青少年自殺的原因做一個簡要的介紹。

　　造成自殺的危險因素雖然錯綜複雜，但歸納起來主要有四大類，分別是生理危險因素、心理危險因素、認知危險因素和環境危險因素。這些危險因素之間可能發生相互作用，一旦綜合作用達到了個人承受能力與應對技能的極限，自殺意念就有可能產生。當自殺意念發展到一定程度的時候，它可能以預警信號的方式表現出來，也可能因觸發事件而得到加強，最終導致自殺行為的實現。

　　生理危險因素包括：遺傳因素和個體的生理生化因素的差異。越來越多的研究顯示，憂鬱症患者的大腦中，神經傳遞物質也許是導致憂鬱症的重要原因，從而成為自殺的間接原因。

心理危險因素主要包括抑鬱的情緒、絕望和無助的感覺、不良的自我概念與低自尊、不良的自我防禦機制與應對能力，以及對生命意義的懷疑。對於青少年來說，其中的絕望心理特別值得關注。

已有研究顯示，與抑鬱、不良的自我概念和低自尊相比，絕望能夠更準確地預測自殺行為。青少年在生理、心理和社會性各方面都尚未成熟，他們必須受家長和學校的約束，受同輩群體的壓力，必須尋求社會的接受並在社會中尋找自己的位置，必須努力發展自己獨特的個性。有時，這些努力會遭遇不可克服的困難，讓人絕望——某些在成人看來並不嚴重的問題，卻足以使青少年感到傷心絕望，其中又以繁重的學業（特別在父母過高的期望下）、情感問題（往往缺少父母老師的指導和溝通）居多。

認知危險因素主要來自三個方面。

第一個方面是青少年已經達到的認知水平

處在前運算思維階段的兒童想自殺特別危險，因為這一階段的兒童不知道死亡是不可逆轉的。因此準確地判斷兒童與青少年處在哪一個認知發展階段有助於診斷其自殺的危險性並制定適當的介入策略。

第二個方面來自於我們對自己的認識以及適應外部環境的方式，也可稱之為「自我談話」

消極的「自我談話」會導致孩子對環境的不良適應，而積極的「自我談話」則有助於孩子對環境的適應。有自殺傾向的人往往是不斷的對自己進行消極的「自我談話」，這會加強已經存在的否定性的思維方式，從而加速自殺意念的產生。

第三個方面是消極刻板的認知，包括：過度概括、糟糕透頂、消極歸因等等

過度概括是指：對事件的評價以偏概全，常片面地根據某件事情的一方面評估自己的價值，其結果常導致自暴自棄、自責自罪，認為自己一無是處而產生焦慮抑鬱情緒，只認為事件的發生會導致非常可怕或災難性的後果。這種非理性信念常使個體陷入羞愧、焦慮、抑鬱、悲觀、絕望、不安、極端痛苦的情緒感受中而不能自拔。這種糟糕透頂的想法常常是與個體對自己、對他人、對周圍環境事物的要求絕對化有相聯繫的。

環境危險因素主要有兩類。一類是成長環境。例如，否定性的家庭經歷助長於產生自殺的意念與行為。在自殺兒童的家庭中，虐待與忽視是經常遇到的，而自殺青少年的家庭中，父母的關係往往是不和與緊張的。因此，不良的家庭環境是生命各階段自殺的重要危險因素。

第二類環境危險因素是否定性的生活事件。既包括考

試失敗、聯考落榜，也包括親人與朋友得重病或不幸去世。對那些已經有自殺念頭的人來說，這樣的損失——特別是當它們接踵而至的時候——就可能徹底摧毀其脆弱的生存勇氣而成為自殺的導火線。

導火線事件不一定是青少年最嚴重、最糟糕的事件，但它猶如壓倒駱駝的最後一根稻草，在最脆弱之時壓在他們柔弱的肩上。這個時候自殺的青少年可能表現出、也可能不表現出預警訊號。常見的預警訊號如他們也許會說一些不想活、想自殺之類的似乎是開玩笑或抱怨的話，而最危險的預警訊號是以前的自殺行為。許多以前嘗試過自殺的青少年最終還是自殺了。其他常見的預警訊號還有吃不下、睡不著、學習成績下降、社交方面漸漸退縮、與父母或其他在生活中佔有重要地位的人中斷交往、以及有似乎是不顧一切的、自我傷害的、非常獨特的行為，如嚴重的吸毒、酗酒、不顧一切地亂開車等。

保持鎮靜

不要讓孩子的悲傷影響你的判斷。孩子需要人尤其是做父母親的你，幫助他恢復理智和客觀，而不需要一個本身就情緒不穩的人來幫助他。

指出孩子自身的優點

談論孩子的優點和長處是有益的。例如，孩子可能曾

經是舉止文雅、樂於助人、努力工作、待人誠懇、活潑開朗、人緣佳的人等等。想自殺的孩子很可能只看到他自身及其生活中不好的一面，而忘記了好的一面。

不要與孩子發生爭論

避免就生命與死亡的哲學問題與孩子爭論。同時也應避免說一些陳詞濫調，例如「還有很多美好的東西在等著你、你的生命才開始」等等。這種說話方式使孩子覺得你是在泛泛而談，而非真正理解他們內心的感受。企圖自殺的青少年最需要的是客觀的、設身處地的、感情投入的理解和支持。

幫助孩子獲得客觀的態度

一個被各種問題和壓力壓得喘不過氣來的人很可能無法冷靜、客觀地評價自己和環境。在這種情況下，做家長的首先要保持客觀冷靜的態度，並幫助孩子盡可能客觀地看待自己的環境，抓住想活下去的願望。

想自殺的孩子在心理上幾乎都是矛盾的，一方面想死，另一方面還想活下去。發現並緊緊抓住他們想活下去的希望是非常有幫助的。

指出其他的行為選擇

由於個人經歷、生活壓力等原因，人們常常侷限於個人對生活的一己之見──他們也許只看到了目前的危機而

看不到其它的東西，平時注意與孩子談談其他的可能選擇
是有益的。

有時想自殺的人恰巧是處於其情緒的最低點，他們認
爲人生從來就是如此糟糕而且永遠如此糟糕。實際上，人
生如潮水，有漲也有落。

一個想自殺的人很可能曾經湧過這念頭，並且在以後
的生活中將再次湧現起來。指出每個人在生活中難免會遇
上情緒的低潮，這對孩子來說是有益的。

幫助孩子獲得資源

對孩子最有力、最具體的支持就是幫助他們得到他們
想要的東西。因爲對想自殺的人來說他們通常都比較孤獨，
因此，家長要幫助他們獲得各種資源。

這些資源包括家庭和朋友，也許還包括幫助孩子去見
一位他想見的老師、電影明星或心理醫生。最終，需要專
業的心理咨詢人員爲那些需要幫助的人提供長期的關心和
幫助。

給父母的悄悄話：

善於發現孩子身上的優點，嘗試走進孩子的內心世
界，讓他對你敞開心扉，同時你也要和他一起分享陽光，
分擔風雨。

　　父母和孩子在生活中應該是一種亦親亦友的關係，既在生活起引導作用，又能夠及時地瞭解他們的內心感受，多從他們的角度去「看」這個世界。

抬頭的 含羞草

你是否曾經有過的這種感受？或者你曾經出現過下面的一些徵兆？

一、站在陌生人面前，總感到有一種無形的壓力，似乎自己正在被人審視，不敢迎視對方的目光，感到極難為情。

二、與人交談時，面紅耳赤，虛汗直冒，心裡發慌。即使硬著頭皮與人說上幾句，也是前言不搭後語，結結巴巴的。

三、不善於結交朋友，於是常感孤獨，常因不能與人融洽相處或充分發揮自己的才幹而煩惱；不善於在各種不同場合對事物坦率地發表個人意見或評論，因此不能有效地與他人交換意見，給人拘謹、呆板的感覺。

四、常感到自卑，在學習和生活中往往不是想到如何取得成功，而是想到如何不要失敗。

那麼，可以肯定，當時你正在害羞，或者正處於一種稱為羞怯的心理。

羞怯的本質就是一種沒有自信的表現。其實，幾乎每

個人都有害羞的時候，對青少年來說更為普遍。美國俄亥俄州立大學的一項統計結果顯示，百分之九十七的學生認為做公開演說和核武器是世界上兩件最可怕的事情。那麼，羞怯產生的原因有哪些呢？

一是先天原因

有些人生來性格內向，氣質屬於抑鬱質類型，他們說話輕聲細語，見到陌生人就臉紅，甚至常懷有一種膽怯的心理，舉手投足、尋路問津也思前想後。

二是家庭教育不當

過分保護型與粗暴型的家庭教育方式，都會造成子女怯懦的性格。

前者，家長代替了子女的思想和行為，子女缺乏經驗，生活辦事能力差，單純幼稚，遇事便緊張、恐懼、焦慮。

後者，家長剝奪了子女思維和行動的機會，子女時常擔心遭批評和斥責，遇事便緊張、焦慮、消極、被動。

有些家長對兒童的膽小不加引導，孩子見到陌生人或到了陌生的地方，便習慣性地害羞、躲避，沒有自信心。

兒童進入青春期後，自我意識逐漸加強，敏感於別人對自己的評價，希望自己有一個優良形象留在別人的心目中，為此，他們對自己的一言一行非常重視，唯恐有差錯。

這種心理狀態導致了他們在交往中生怕被人恥笑，因

此表現得不自然、靦腆。久而久之，便羞於與人接觸，羞於在公開場合講話。

三是缺乏自信和實踐鍛鍊

有些人總認為自己沒有迷人的外表，沒有過人的本領，屬能力平平之輩，因此他們在交往中沒有信心，患得患失。

長期的謹慎小心不僅使他們體驗不到成功的喜悅，而且使他們更加不相信自己的能力。加之多數學生生活環境比較順利，缺乏實踐鍛鍊的機會。這些往往是導致害羞的重要的原因。

四是挫折的經歷

據統計，約有四分之一害羞的成人在兒時並不害羞，但是在長大後卻變得害羞了。

這可能與遭受過挫折有關。這種人以前開朗大方，交往積極主動但由於複雜的主客觀原因，屢屢受挫而變得膽怯畏縮、消極被動。

幫助孩子正確審視自己，樹立自信心

日常學習和生活中，應讓孩子多考慮我要怎麼做；在各種社交場合中，應讓孩子順其自然地表現自己，不要擔憂人家是否注意自己。

教導孩子與人交談時，眼睛要看著對方，並將注意力

集中在對方的眼睛，這樣可以增加孩子對對方的注意，減少對方對孩子的注意。

讓孩子勇於和別人交往

讓孩子向經常見面但說話不多的人，如：郵遞人員、售貨員等問好；與人交往，特別是與陌生人交往，要善於把緊張情緒放鬆。

使用一些平靜、放鬆的語句，進行自我暗示，常能起到緩和緊張情緒，減輕心理負擔的作用。

告訴孩子一些談話的技巧

比如：在連續講話中不要擔憂中間會有停頓，因為停頓一會兒是談話中的正常現象。

在談話中，當感覺臉紅時，不要試圖用某種動作掩飾它，這樣反而會使臉更紅，進一步增加了羞怯心理。想到羞怯並不等於失敗，這只是由於精神緊張，並非是不能應付社交活動。

讓孩子不要過於敏感

凡事盡可能往好的方面想，多看積極的一面。平時注意培養孩子的良好情緒和情感，讓孩子相信，大多數人是以信任和誠懇的態度，來對待自己的，不要把自己置於不信任和不真誠的假設環境中，那樣，會導致對別人懷有某種戒備心理，自己偶有閃失，或者並無閃失，也生怕別人

看破似的，這樣自己就會惶惶然，更加重羞怯心理。

給父母的悄悄話：

不要過於敏感。凡事盡可能往好的方面想，多看積極的一面。平時注意多培養自己的良好情緒和情感，相信大多數人是以信任和誠懇的態度來對待自己的。

羞怯的本質就是一種沒有自信的表現。其實，幾乎每個人都有害羞的時候，對青少年來說更爲普遍。

庸人自擾 最煩惱

　　青春期是人生之旅上最多彩多姿的一段，也是多事的一段。處於青春期的少男少女，往往情緒多變，敏感猜忌，多愁善感，這大多與正常的生理性發育有關。生理上的需求與變化使他們產生心理的躁動。繼而又對這些變化與躁動恐懼不安。值得一提的是，這個時期最需要的是父母的理解，溝通與指導。

　　焦慮在正常人身上也會發生，這是人們對於可能造成心理衝突或挫折的某種特殊事物或情境進行反應時的一種狀態，同時帶有某種不愉快的情緒體驗。這些事物或情境包括一些即將來臨的危險或災難、或需付出特殊努力加以應付的東西。如果對此無法預計其結果，不能採取有效措施加以防止或予以解決，這時心理的緊張期待就會促發焦慮反應。

　　青春期是焦慮症的易發期，這個時期個體的發育速度快，身心變化處於一個轉折點。

　　隨著第二性徵的出現，個體對自己在體態、生理和心理等方面的變化，會產生一種神祕感，甚至不知所措。諸

如女孩由於乳房發育而不敢挺胸、月經初潮而緊張不安；男孩出現性衝動、遺精、手淫後的追悔自責等，這些都將對青少年的心理、情緒及行為帶來很大的影響。

往往由於好奇和不理解會出現恐懼、緊張、羞澀、孤獨、自卑和煩惱，還可能併發頭暈頭痛、失眠多夢、眩暈乏力、口乾厭食、心慌氣促、神經過敏、情緒不穩、體重下降和焦慮不安等症狀。患者常因此而長期輾轉於內科、精神科求診，而經反覆檢查並沒有發現任何器官性病變，這類病症在精神科常被診斷為青春期焦慮症。

調查顯示，青少年的精神健康狀況令人擔憂。他們當中有許多人的焦慮感增強，經常覺得「人生好像戰場一樣」，其症狀表現為情緒緊張，心理壓力大。受此影響，「自殺或企圖自殺」的比例從十年前的百分之三.七上升到現在的百分之七.七；「離家出走」比例則從百分之四.一○上升到百分之七.八。

青少年焦慮感的增強，不只對青少年自身產生不良影響，也帶來一定的社會問題。調查研究人員進一步深入分析發現，精神健康越差的人，越容易發生網癮、早戀、打架、刻意傷害小動物、破壞公物、酗酒等行為。

那麼，是什麼促成了青少年的精神焦慮呢？家長的期望值過高，青少年從家庭、學校那裡所獲得的情感支持匱

乏是重要原因。

絕大多數的父母將自己的希望寄托在孩子們身上。他們寧可自己省吃儉用，也要盡力滿足孩子的物質欲求，與此同時，不少父母並未把自己與子女的關係放在平等的位置來看待，習慣於選擇一種居高臨下的姿態來命令子女，儼然將子女當做自己的私有財產。

憑著一廂情願「都是為了孩子好」的心理，很少顧忌孩子的內心感受。尤其對於孩子學習成績的要求，易於表現出幾近苛刻的態度。孩子的課餘時間不僅被家長安排得滿檔，一旦孩子考試成績稍不理想，即遭致家長「疾風暴雨」或「淒風冷雨」式的回應。這使得孩子難以從學習中體會到樂趣。

在學校，仍有不少老師僅將自身職能定位於「授業解惑」。即便「傳道」，也多採取板起面孔的說教方式，循循善誘稍嫌不夠。特別是對待那些學習成績較差，行為存在瑕疵的學生，有的老師要麼置之不理，要麼乾脆一推了之，從而給這部分的青少年心理造成一定的打擊，繼而使之產生叛逆、抑鬱情緒，或自暴自棄，淪為壞孩子；或悲觀厭世，自視「看破紅塵」。

這個世界並不完美：承認完美是這個世界上最大的欺騙遊戲，我們必須瞭解百分之百的完美是不可能達成的，

能夠達到百分之九十，就已相當的成功了，像是完美主義
者要求完美，最後只帶給他們對職業生涯和個人生活的煩
悶和不滿，即使他們奮鬥不懈，完美主義者並不見得比其
它人有成就。

相信你的孩子，並告訴他：「你很棒」

自信是治療青春期焦慮症的必要前提。母親可透過鼓
勵、讚美、暗示等方式幫助孩子正確認識自己，樹立自信，
使他們相信自己有處理突發事件和完成各種任務的能力。

陪他想最糟糕的情況

當孩子所追求的目標達不到，或因自身能力所限不能
獲得成功時，往往會因失敗而感到苦悶，當他們遇到嚴重
的挫折或傷害時，往往會產生憤怒、恐懼、焦慮等強烈的
情緒反應，在這種激情狀態下，不要去指責或壓抑孩子的
焦慮，而是幫助他放鬆。試圖讓孩子在極度放鬆的狀態中
去想事情將出現的最糟狀態，然後告訴他如何面對處理這
件事情，以減輕孩子心裡的負擔，消除他的焦慮。

向阿Q學習暫時逃避的精神

用含蓄、諷喻、詼諧、寓意微妙的幽默化解挫折和尷
尬的場面，使孩子在困境中也能感到樂觀和情趣。同時，
讓孩子暫時將煩惱放下，去做他喜歡做的事，如運動、睡
眠和看書等，等到心境平衡時，再重新面對自己的難題。

在同一時段內只許孩子做一件事

依據美國心理輔導專家喬奇博士發現，構成憂思的主要原因是面對很多急需處理的事情，精神壓力太大。要減少孩子的精神負擔，不應讓孩子同時進行一件以上的事情，以免弄得心力俱疲。

當你發現孩子一心多用時，不要光教條的說：「學習的時候要好好學，玩的時候就好好玩。」只需要讓他一手畫圓，一手畫方就可以了。

重新修訂目標

在某些情況下，雖經努力孩子也難以達到目標，很容易陷入一種困擾、迷茫的心境之中，這時要客觀地分析情況，對孩子預期的目標進行調整、修改，使它更切合實際，這樣就容易獲得成功，擺脫受挫的心境。

不過分苛求孩子

有些人做事要求十全十美，對自己以及他人的要求近乎吹毛求疵，這樣的父母往往會因為孩子的小小瑕疵而生氣，結果孩子和自己都很受傷害。很多父母把希望寄托在孩子身上，若孩子達不到自己的要求，便會大感失望。其實每個人都有他的思想、優點和缺點，何必要求孩子一定要迎合自己的要求呢？懂得欣賞孩子已有的成就，自然會讓自己和孩子同時達到心情舒暢的目的。

偶然亦要屈服

一個做大事的人處事是從大處看，只有一些沒見識的人才會向小處鑽，因此只要大前提不受影響，在小處有時亦無需過分堅持，以減少自己的煩惱。而對挫折的耐受力，是在實際生活的反覆磨練中得到增強的，因此，在平時，要刻意在逆境中鍛鍊孩子。

讓孩子為你或者他人做些事情

助人為快樂之本，幫助別人不單使自己忘卻煩惱，而且可以確定自己的存在價值，更可以獲得珍貴的友誼，何樂而不為呢？而幫助人的同時，孩子很可能觸景生情，把自己所有埋藏在心底的煩惱告訴你，找到病因，對症下藥就很容易了。

降低孩子的競爭意識

有些孩子心理的穩定性不夠，遇事易著急、焦慮這完全是因為他們太在意競爭的輸贏，而使自己經常處於緊張的狀態。

給父母的悄悄話：

降低孩子的競爭意識。有些孩子心理的穩定性不夠，遇事易著急、焦慮這完全是因為他們太在意競爭的輸贏，而使自己經常處於緊張狀態。

　　自信是治療青春期焦慮症的必要前提。家長可透過鼓勵、讚美、暗示等方式幫助孩子正確認識自己，樹立自信，使他們相信自己有處理突發事件和完成各種任務的能力。

驕兵 必敗

　　二〇〇七年八月，桃園縣刑事警察大隊刑事科技犯罪防治中心在台北、桃園兩地偵破網路駭客集團，兩名主嫌都是大學生。

　　警方表示這兩位學生利用對網路的專長，成功的破解PC Home 與 Yahoo 的驗證程式碼，先後入侵了這兩個入口網站並竊取了許多資料庫的資料。

　　案發後，學校建議對這兩位學生從輕處置，因為他們在學校一直表現不錯，學習成績好，對老師、同學也彬彬有禮。他在網路上的違法行為，是遊戲心理使然，自以為技術超群，無人能敵，因此在自己能夠企及的領域「遊戲人間」，為所欲為，最終淪為「自負的囚徒」。

　　而這一心理產生的原因除了青少年固有的「好奇」天性以外，更重要的是來自於其「自負」感，覺得自己的電腦網路技能水準高超，別人奈何不了自己。肆意竊取網站資料的時候，潛意識裡的想法是「我來無影去無蹤，那幫傻瓜才不會知道我是誰呢」。幾乎所有自恃「技術高超」的青少年犯罪者都把自己的犯罪對像視為「傻瓜」，忍不

住想戲弄一把。

　　也許你的孩子還沒有這兩位學生那麼嚴重，但並不代表他（她）不存在自負心理。請你仔細找找，他是否存在以下的一些表現，如果回答為「是」，就請你看看這一節，因為你的孩子已經有了自負心理的表現形式。

　　是否存在自視過高的現象？如：自認為自己非常了不起，別人都不行。很少關心別人，與他人關係疏遠。時時事事都從自己的利益出發，從不顧及別人，不求於人時，對人沒有絲毫的熱情，似乎人人都應為他服務，結果落得個門庭冷落。

　　是否存在看不起別人的時候？如：總認為自己比別人強很多，這種人固執己見，唯我獨尊，總是將自己的觀點強加於人，在明知別人正確時，也不願意改變自己的態度或接受別人的觀點。總愛抬高自己貶低別人，把別人看得一無是處。

　　是否曾經過度防衛，有明顯的嫉妒心？如：有很強的自尊心，當別人取得一些成績時，其妒嫉之心油然而生，極力去打擊別人，排斥別人。當別人失敗時，幸災樂禍，不向別人提供任何有益的訊息。同時，在別人成功時，這種人常用「酸葡萄心理」來維持自己的心理平衡。

　　翻看《辭海》，「自負」的辭語下是簡單明瞭的四個字：

自恃、自許。那麼，究其原因，是什麼導致了青少年自負心裡的產生呢？

一是過分嬌寵的家庭教育

家庭教育是一個人自負心理產生的第一根源。對於青少年兒童來說，自我評價首先取決於周圍的人對他們的看法，家庭則是他們自我評價的第一參考背景。父母寵愛、誇讚、表揚，會使他們覺得自己「相當了不起」。

二是生活中的一帆風順

人的認知來自於經驗，生活中遭受過許多挫折和打擊的人，很少有自負的心理，而在生活中一帆風順的人，則很容易養成自負的性格。現在的中學生大多是獨生子女，是父母的掌上明珠，如果他們在學校又出類拔萃，老師又寵愛他們，就會養成自信、自傲和自負的個性。

三是片面的自我認識

自負者隱藏自己的短處，誇大自己的長處。自負者也同樣缺乏自知之明，同時又把自己的長處看得十分突出，對自己的能力評價過高，對別人的能力評價過低，自然產生自負心理。當一個人只看到自己的優點，看不到自己的缺點時，往往會產生自負的個性。這種人往往好大喜功，取得一點小小的成績就認為自己了不起，成功時完全歸因於自己的主觀努力，失敗時則完全歸咎於客觀條件的不足，

過分的自戀和以自我中心，把自己的舉手投足都看得與眾不同。

四是情感上的原因

有一些人的自尊心特別強烈，為了保護自尊心，在交往挫折面前，常常會產生兩種既相反又相通的自我保護心理。一種是自卑心理，透過自我隔絕，避免自尊心的進一步受損；另一種就是自負心理，透過自我放大，獲得自卑不足的補償。例如，一些家庭經濟條件不是很好的學生，深怕被經濟條件優越的同學看不起，就裝清高，在表面上擺出看不起這些同學的樣子。這種自負心理是自尊心過於敏感的表現。

人不能沒有自負。尤其對青少年來說，在適當的範圍內，自負可以激發青少年的鬥志，樹立必勝的信心，堅定戰勝困難的信念，使自己能勇往直前。但是，自負又必須建立在客觀現實的基礎上，脫離實際的自負不但不能幫助人們成就事業，反而會影響自己的生活、學習、工作和人際交往，嚴重的還會影響心理健康。

自卑與自負看似有天壤之別。自卑者自己瞧不起自己，自負者，自己太看得起自己。但是究其產生的根源，就能找到它們的相同之處，那就是兩者都不能準確的評價自己，對自己沒有正確的認識。

自卑者認為自己技不如人，他既不像自暴自棄那樣自甘墮落，也不像自強不息那樣勇往直前。有自卑感的人如同在陰影中萌芽的種子，他們嚮往成功、羨慕輝煌，卻又拒絕生長無法舒展。他們往往看不起自己，在乎別人的眼光，種種顧慮鎖住了前進的腳步，面對困難一籌莫展……

與自卑一樣可怕的就是自負。自負感的產生往往源於已經獲得的一些成績，是自滿情緒的進一步惡化。有自負感的人，我們可以說他有一定的「底子」當作資歷，但在成功面前不小心便失去了自我，以為自己已成了大人物，惟我獨尊而聽不進去他人的勸諫。

自卑與自負是兩個極端，二者的結果卻是相同的，都會導致人生的失敗。

自卑者總是低著頭走路，因為缺乏自信，往往心靈上背負著沉重的擔子，被壓得喘不過氣來，以致最終把自己壓垮；自負者總是仰著頭走路，因為過於自信，常常趾高氣揚，昏昏然不辨東西，不是迷途就是跌跤。

在人生的道路上，總是有很多細小的岔路誘惑著你，有什麼辦法能順利到達勝利的彼岸呢？方法很簡單：不向左，不向右，勇往直前。因此，不自卑，不自負，自強自信走向光明的大道。

讓孩子接受批評

願意接受家長、老師、同學的批評是根治自負的最佳辦法。因為自負者致命的弱點，就是不願意改變自己的態度或接受別人的觀點，嘗試著虛心接受別人的批評、教育，改變過去固執己見，唯我獨尊的形象。同時，讓孩子本著謙遜的態度去學習別人，瞭解他人身上的優點，這樣對孩子也是一種進步。

幫助孩子提升自我認識

讓孩子全面認識自我，既要看到本身的優點和長處，又要看到自己的缺點和不足，不可一葉障目，不識泰山，抓住一點不放，未免失之偏離。讓孩子瞭解：認識自我不能單獨地去評價，應該放在社會中去考量，每個人生活在世上都有自己的獨到之處，都有他人所不及的地方，同時又有不如人的地方，與人比較，不能總拿自己的長處去比別人的不足，把別人看得一無是處。

適當的提高孩子的目標和追求

如果你把目標定的太低，孩子很容易就達成了，那他自然覺得自己做什麼都行，不會看到困難和挫折，也不能夠從困難和挫折中吸取經驗和教訓。

培養孩子與人平等相處的能力

自負者視自己為上帝，不論觀念上、行動上都會無理的去要求別人服從自己，否則便被激怒，甚至大打出手，

平等相處是要求自負者以一個普通社會成員的身份與別人平等交往。

給父母的悄悄話：

提高自我認識，全面認識自我，既要看到自己的優點和長處，又要看到自己的缺點和不足，不可一葉障目，不識泰山，抓住一點不放，未免失之偏離。

對於青少年兒童來說，自我評價首先取決於周圍的人對他們的看法，家庭則是他們自我評價的第一參考背景。

風雨和陽光
一樣美麗

——情商培養中的心理學

為什麼家長能夠尊重孩子生命的自然，卻不能尊重孩子的感情呢？

原因很簡單，因為家長沒把情感看作是孩子生命中的一部分，只是將

它看作是孩子成長中自然流動的一種生命氣息和情緒。

而調查顯示，在一個人的成長道路上，情商的重要性要遠遠大於智商。

所以，當你為孩子準備了精心的菜餚、精美的學習用具時，別忘了對

他們做情商的培養。

正確處理 偶像崇拜

　　崇拜偶像，是孩子成長中的必然現象，孩子「追星」實際上是一種理想中的天真，要求青少年拒絕偶像是不實際的。

　　研究發現，青年少時期如果選擇具有領導能力的人做為偶像，他們長大後會比一般人更能承受責罵、父母離異、甚至是癌症的打擊。可見，為孩子選擇偶像有多重要。其實，孩子生命裡的第一個偶像大多是自己的父母，其比例可達百分之八十二，為人父母者真該小心身教。

　　有樂觀的父母才會有開朗的孩子，不論你是熱愛工作，還是待人熱誠，孩子都會全盤模仿，並會以你所擁有的辦事效能、技巧、成就，甚至體能作為榜樣。可能你會覺得自己做什麼都不在行，但你待人接物的態度、你的理想、志向、信念都是獻給孩子的最豐厚禮物。

　　隨著孩子日漸長大並開始獨立，他們所崇拜的偶像也會有所轉移，新目標可能是祖父母、阿姨、玩伴的父母、家庭醫生、老師、書中和電視裡接觸到的人物等等。此時，父母可以多鼓勵孩子模仿這個特別人物的正面行為，也不

妨多安排些聚會的機會，讓孩子與他的偶像多多接觸。

偶像崇拜是青春期的特徵之一，由於這個時期的孩子已漸漸脫離母親的羽翼，觸角向外伸展，母親，老師不在是「偉大」的化身，而漸漸的有了新的「偉大」的標準。這個標準也許是容貌姣好，也許是地位卓越，也許是歌藝超人，也可能是機智不凡。

一但某人的特質讓青少年心儀、羨慕，便很容易為其獻出全部的熱情，將他當成學習、模仿或仰慕的對像，「人不輕狂枉少年」，這可以稱得上是對偶像崇拜的最佳詮釋。

從心理學的觀點看來，適度的偶像崇拜對成長後的自我認知有相當大的幫助，孩子也可能透過對偶像的模仿，學習到一些正向的行為模式。

現今年輕人崇拜的偶像變化極快，但每一輪的崇拜中，他們都是那麼狂熱。為何偶像明星的生命並不長久，但偶像崇拜現象的生命力卻如此頑強？從心理學的角度來說，青少年們崇拜偶像主要有三個原因。

首先，追星的青少年為的是要追尋自我。

當他們或早或遲地走過童年，面對紛繁的世界時，往往會感到無所適從：「我是誰？我從哪裡來？我要到哪裡去？」

他們面對這種內心深處的困惑，是緣於心中沒有建立

起一個穩定的自我形象，即所謂「自我同一性」。

此時，他們開始思索自我的意義，他們急需一個看得見、摸得著的活生生的形象作為自我的代表。他們在公眾人物中尋找那些具有自己欣賞特點的人物，於是偶像明星出現了。

如果偶像明星能夠有足以讓他們佩服的表演，就會成為被崇拜的偶像。從這個角度來說偶像是崇拜者的代言人，是崇拜者的理想自我，也是崇拜者心目中的未來。

其次，偶像也是青少年心目中父母的替代品。青少年在生理上不斷的快速成長，但心理上的發展卻遠遠滯後。由於生理上的快速成長，他們覺得自己已經長大了，希望自己能夠獨當一面，渴望擺脫父母的控制。然而，他們有限的生活經驗又使他們不能沒有父母的幫助，這種矛盾狀況使他們感到很苦惱。

因此，他們選擇崇拜擁有能力、地位和獨立的偶像，希望透過偶像崇拜來實現獨立自主的目的。在某種意義上，這不過是將偶像當作父母的代替品，讓偶像來行使父母對自己的控制。

再次，偶像崇拜也是青少年融入自己團體的一種方式。有些追星族是為了保持與同伴的一致性而被捲入追星行列的，相形之下他們是二流的追星族。他們追求的是讓

自己有所歸屬，是為了讓自己和別人知道他是屬於那個團體。所以他們需要知道大家正在討論的明星的生日、星座和愛好。

客觀地說，崇拜偶像能滿足某些心理需要，對成長有一定的幫助。特別是對於青少年而言，隨著年齡的增長，自我意識增強，母親和老師的權威減弱，但自身還未真正成熟，所以需要有新的模仿和學習對象。由於娛樂明星的外貌或才藝出眾，而且總處於大眾關注的焦點，顯得很風光，所以很容易成為青少年追隨和模仿的對象。

崇拜偶像也有一定的情感寄託作用，青少年逐漸脫離對家人的感情依賴，但是青春期情緒波動不穩，仍需要有外在的情感依託和情感表達對象。

對偶像適度的追隨和模仿，有助於使青少年確立自我認同，宣洩緩和情緒，並為進入成年角色做好準備。而且，欣賞喜愛的影視歌唱作品，本來就是一種精神享受。所以，每個人或多或少都當過追星族。

大多數孩子的「追星」，僅限於收藏幾張他喜歡的偶像海報貼在床頭，聽該偶像演唱的 CD、VCD，或偶爾花錢買票聽該偶像的演唱會，搜集該偶像的一些生活資料⋯⋯如果僅限於這些，做父母的就不應過度干涉，在孩子緊張學習之餘，聽聽流行歌曲，可以讓孩子的生活豐富多彩些，

有利於孩子的健康成長。

但是，追星也是一種非常情緒化的行為，孩子容易將偶像理想化、浪漫化、絕對化，因此出現了極端、衝動甚至瘋狂的情緒和行為，危害身心健康，拖累家人。所以在肯定崇拜偶像有一定積極作用的同時，也應該防止走火入魔的崇拜偶像。

那麼，做父母的應該怎樣幫助孩子對待偶像呢？

要讓孩子明白偶像只是在某個方面很傑出，其他方面也是很普通

家長可以引導孩子主動說出自己偶像身上的不足，比如：他的髮型、服飾、表情、習慣動作、口頭禪等等，同時要幫助孩子學會分析，用理智來面對偶像明星，清楚認識到偶像明星也是人，他們一定也有許多缺點，不是所說的每一句話都是真理，每一種行為都是正確的。

幫助孩子看到偶像明星的艱難，有意識的引導孩子多向思維

家長不要一味的批評孩子，不要激化彼此間的矛盾，應學會支持孩子對的一面，指出片面的地方告訴孩子，明星的成長歷程也需要勤奮，也有他們的辛酸，要看到他們在鮮花和掌聲背後的踏實和努力。

多培養孩子不同的興趣和愛好

幫助孩子把注意力從偶像身上，轉移到其他活動中，比如：運動、繪畫、音樂等，日本著名的心理學家森田正馬指出，大多數心理疾病產生的原因都是「精神交互作用」：對某些片面資訊注意越多，越容易把它看得過重，如此下來將形成惡性循環，最終導致心理障礙。

當孩子從許多活動中都能得到樂趣時，就不容易執著於某一種樂趣，而且當某種活動受到挫折的時候，還能從別的途徑獲得樂趣，從而維持心理狀態不失去平衡。

給父母的悄悄話：

跟孩子一起去「追星」，瞭解孩子心中的偶像，和他們談談偶像，在評價中慢慢地感受「潤物細無聲」。

「人要衣裝」並非 「人靠衣裝」

　　承認你的孩子是個獨立的個體，尊重孩子的選擇，欣賞孩子在裝扮上的特點，哪怕這種選擇與你所希望的不同。

　　進入青春期的少男少女，如同蠶休眠、蟬蛻皮、蛹變蝶，這是一個脫胎換骨、自我認知的過程；青春期的孩子追求美，是他們自我意識覺醒、追求獨立自主和完善自我的必要成長過程，而並非學壞。孩子進入青青發育期後會開始出現關心自身的美、關注異性身上的美的心理，是性審美心理的一種具體表現。

　　孩子從懂事起往往會表現出種種的愛美現象，但愛美心理的真正覺醒，並明顯地表現在行為之中，是伴隨著性的日益成熟而來的。讓自己變得更美一點，表現出對自己對美的欣賞與喜悅，表面上看來好像只是為了自己，其實深埋在這種表像後面的本質卻是為了他人，特別是了為給異性欣賞。

　　儘管有些人打扮自己有引起別人注意的明顯意圖，而有些人則只是一種潛意識，但其本質是一樣的。對自身美的關注與追求所表現出的愛美心理，間接地反映了人們的

性審美意識。對異性美的關注與追求，所表現的愛美心理，則更爲直接地反映了人們的這種意識。

對自身美的關注與追求正是爲了吸引異性，從而達到對異性美的追求，這是一個事物的兩個方面，它們都表現出愛美心理的性審美特徵。因此，隨著性成熟而覺醒起來的愛美心理，是符合人的生理心理規律的正常心理。

至於女孩子或者是男孩子，在這段時間愛打扮是正常的，而對異性產生好奇和感興趣也是正常的，青春期的孩子希望能吸引別人對她（他）的關注，所以有一種特別的表現欲，希望大家關注她（他）。其實，現在處於青春期的孩子都很「愛美」。可是，他們的審美觀出現了偏差，在他們眼裡，只要是時下流行的就是美。於是，在沒有考慮是否符合自己身份、年齡的情況下，就盲目地去傚仿、跟隨。比如：他們上身穿校服，下身穿著運動褲，腰間還掛著幾條金屬鏈。原本好好的頭髮，非要弄得像雜草一樣亂不可。

如果女兒只是嘗試用媽媽的化妝品，或者兒子換了一種新潮的髮型，您大可以把這種現象當作是正常的愛美之心，並對孩子進行小小的肯定。如果反對孩子的某個裝扮，也應心平氣和地跟孩子講清反對的理由。千萬不要拿出家長的權威，居高臨下地強迫孩子接受自己的意見。這個時

期的孩子除了奇異的裝扮外，還有一種「名牌」效應，就是說有些孩子非名牌不穿。

孩子愛穿名牌，主要出於兩種心理：

一是顯示自己的身價

名牌服裝不僅在整體設計上要高出普通服裝，在價格上更是高出普通服裝好幾倍甚至幾十倍。所以，許多孩子都把穿名牌服裝，看作是顯示自己家庭經濟實力和審美水平的標準，似乎只有穿上了名牌才能抬高自己的身價。

二是從眾心理作用

名牌之所以成為名牌，並不是從一開始設計出來就成為名牌的，而是經過人們多年的使用之後得到認可，才在公眾中樹立起一種穩定的信譽和牢固的地位。孩子們看到某些明星穿名牌，在從眾心理的作用下，便產生了想穿名牌的念頭。

這兩種心理都是不夠健康的，攀比心理會分散學習精力，從眾心理是盲目的，而且都會加重家庭經濟的負擔。父母要耐心教育孩子克服這些心理，讓孩子對名牌有個正確的認識。

走進孩子的審美世界

不要總是說孩子不聽話，因為你們不瞭解孩子，要教育孩子，首先就是要瞭解孩子，若連孩子正常的心理發展

都不瞭解，就很難因勢利導，要在孩子出現問題之前，有預先的防備或者是提前的教育也會很難展開。

要做新世紀的父母，就不要用不適合時代的陳舊觀念來教育孩子，因為新世紀是充斥著資訊的世紀，孩子的閱讀能力和對資訊的接受能力，跟我們小時候相比是天壤之別。

社會改變了，我們一定要跟上，否則無法教育孩子。若父母親與孩子之間產生了審美標準上的分歧，可透過討論、比較、相互溝通來解決，千萬不要將家長本身的認知、觀感強加給孩子。

告訴孩子你的底線在哪裡

處在青春發育期的孩子常感受到來自各方面的壓力。他們的身體，裡裡外外，都在變化，他們經常想知道他們的真實自我是什麼。很重要的一點是家長和這個時期的孩子，應敞開心房真誠的做交流。

對於孩子的選擇，父母表示尊重也很重要。同時，在你真正尊重孩子選擇的時候，你還必須和孩子做坦誠的交談，談談你的底線和責任問題，讓孩子知道什麼是你能容忍的，什麼是你不能容忍的。

談話可以包括各種不同的話題，這樣孩子就不會覺得你只針對一件事，也讓孩子們告訴你，什麼是他們能接受

的，什麼是他們不能接受的。

拒絕孩子的過分要求

在經濟條件允許的情況下，家長可以偶爾給孩子買一些名牌用品，而對於過分迷戀穿名牌的孩子，家長則不要輕易「投降」。

有的孩子由於家長不能滿足自己的慾望，便又哭又鬧，甚至以不吃飯、不上學相威脅。家長們在又氣又恨、又憐又愛的心情下，常常會作出讓步。這種讓步只會助長孩子的高消費心理和一意孤行心理，使他們得寸進尺。因此，家長們在遇到這種情況時，一定不要向孩子妥協。

讓孩子瞭解家庭經濟狀況

許多孩子從小生活在優渥的環境之下，不知父母的辛勞之苦，更不知道家中每月的收入有多少、支出有多少、餘額有多少，對於父母每天要付出的勞動更是不瞭解。所以，如果有可能的話，家長可以帶孩子到自己的工作單位去參觀一下，讓他們瞭解父母勞動的艱辛以及薪資的來之不易。

家長還可以讓孩子記錄家中收支情況，使孩子瞭解家中的消費狀況。即使經濟條件比較好的家庭，也要教育孩子懂得節儉，這對每一個家庭、每一個人來說都是非常重要的。

避免誘發孩子的名牌心理

孩子心中的「名牌熱」，有些可能是父母在不經意中誘導出來的結果。孩子無非就是認為父母給自己買的衣服貴就是名牌。

而父母往往有意無意的說些推波助瀾的話，比如：這是某某牌子的衣服，穿了就是漂亮等，使孩子有勝人一籌的優越感，更有可能讓孩子滋生出炫耀心理。因此，身為家長，平時不要過多的談論名牌，也不要炫耀和過分追求。

給父母的悄悄話：

幫助孩子理解青春自然就是美和修飾美的區別。告訴孩子「只買對的，不買貴的」，重要的是大方得體、符合場合。

讓孩子與老師 融洽相處

　　一般來說，孩子懼怕老師是因爲不能忍受老師對自己冷淡的態度，或不能接受老師對自己的批評，而與老師產生一種牴觸的情緒。

　　有一位表現積極、工作負責的體育股長，在一次體育課外活動中，因爲體育老師沒有認真聽取他的合理化建議，便武斷地對他進行了批評，挫傷了這位學生的工作積極性，使他對體育老師產生了對抗心理。具體的表現是：情緒低落、孤僻、對體育活動不再像以前那樣積極負責了。

　　這位學生的這些變化，未能引起體育老師的重視，致使師生之間的心理距離越來越遠。這位體育股長不光是消極對待學習，還偶爾故意犯些小錯。每次犯錯後，體育老師都採用直接處罰的方式處理，有時是粗暴的批評，有時是不聞不問，後來乾脆撤銷了這位同學的體育股長職務。

　　職務被撤銷後，這名學生的情緒更是一落千丈，上體育課總是遲到，甚至曠課，後來產生嚴重的體育「厭學」心理，乾脆再也不參加體育活動了。

　　這名體育股長的行爲，其實是青春期孩子特有的心理

反應之下，激動情緒的極端化表現。青少年的大部分時間都在學校裡，因此免不了要和老師交往。多數人都有這樣的感覺：與哪個老師關係比較融洽，就喜歡上那門課，相對的那門課的成績就很好；如果與哪個老師關係不和諧也會殃及那門課，這大概也是愛屋及烏的反映吧！

小學生幾乎都把老師當成偶像，認為老師是世界上最有學問、最值得尊敬的人。到了中學，隨著自我獨立意識的增強，國中生們漸漸學會了評價老師，對老師不再是盲目地喜歡和崇拜了。有的人更是只看到老師的缺點，說老師太嚴厲了，對學生沒有愛心；說老師太偏心了，就只喜歡學習成績好的學生；或者認為老師太主觀臆斷，不調查清楚事實，就亂批評人等等。

這些學生對老師雖然有意見，可是又不願意告訴老師，那該怎麼辦呢？他們會用一些不妥當的行為來發洩，比如：給老師取綽號、上課故意搗亂、當眾頂撞老師等等。這樣做的結果必然會造成師生之間出現矛盾，關係緊張，其最終結果是影響自身的學習和身心健康。

那麼，是什麼原因導致你的孩子不喜歡老師呢？

一、沒有得到老師的重視

老師沒有讓孩子當小幹部，沒有給他一定的工作任務，甚至在課堂上很少提問他，或者老師跟他從來沒有交

談過。

二、孩子對某科的學習缺乏興趣，成績不好

即使老師沒有對他批評、責備，他自認為學習不好，老師不會喜歡自己，於是對老師缺乏感情。

三、因為紀律問題或個別錯誤，受到老師的批評過多、過於嚴厲

受到太多、太嚴厲批評的孩子，在老師面前缺少成功、愉快的心理感受，漸漸造成感情上的隔閡。

四、被老師冤枉過，老師又沒有認真承認自己的失誤

老師在教育、批評學生時，難免會出現錯誤，有的孩子被冤枉了，耿耿於懷，產生委屈甚至怨恨的情緒，於是與老師之間的感情漸漸疏遠。

一般來說，孩子懼怕老師是因為不能忍受老師對自己冷淡的態度，或不能接受老師對自己的批評，而與老師產生一種牴觸的情緒。而這種負面的情緒，會直接影響孩子的學習興趣和學習效率，應該引起老師和家長的重視。

要給孩子創造一種輕鬆的、自由的發表意見的心理氛圍，使孩子毫不隱瞞地講清楚老師批評自己的原因、以及對自己的態度和自己接受批評時的心情。

家長一方面要認真聽取孩子對事情全部經過的陳述，以及孩子對老師批評和處理意見的看法。另一方面要冷靜

分析孩子產生牴觸心理的主要原因，並採取適當的方法予以處理。

此外，鼓勵孩子多與老師交心。如果孩子過於害羞、膽怯，那麼可以鼓勵孩子以書面的方式與老師交流，並主動寫出自己的打算、措施。

要注意培養孩子的同理心，讓孩子學會站在他人的角度考慮問題和處理問題，創造情境讓孩子親身體會老師的難處，並在這個過程中改善師生間的關係，減輕或避免孩子對老師的牴觸情緒。

切忌在沒有清楚瞭解事實真相之前，就粗暴地批評孩子或對老師表示不滿。注重教導孩子：一方面要尊敬老師，尊重老師的辛勞。另一方面，要正確對待老師的過失，委婉地向老師提意見。心理學研究發現，人們會對沒有缺點的人敬而遠之。其實，世界上根本不可能存在沒有缺點的人。

積極配合老師，教育好自己的孩子。

家長要瞭解孩子在學校的表現，老師也要瞭解孩子在家中的行為，這對家長和老師共同教育孩子、避免孩子對老師產生牴觸情緒是極其重要的。而只有家長與老師經常保持密切的聯繫，才能步調一致、有的放矢地對待孩子在成長過程中，各種合理的需要，並施以有效的教育，使孩

子在老師的教導中體會受教育的愉快。

當然在某一個問題上或某一件事情上，家長與老師可能會有不同的看法和意見，這時候，要避開孩子互相交換意見，而不可以當著孩子的面各行其事。否則，會造成孩子思想上的混亂或無所適從，甚至使孩子養成牆頭草兩面倒的壞習慣，造成家庭教育和學校教育，兩種教育作用相互排斥或抵消的不良結果。

特別要強調的是，家長切不可當著孩子的面講有損老師尊嚴的話。同時，要讓孩子懂得，對老師的尊重並不等於認為老師做的都對，對老師有意見就應該向老師提出來，只是需要講究一些策略，最好是在事後私底下找老師談心，說明實情，消除誤會。

給父母的悄悄話：

鼓勵孩子多與老師交心。如果孩子過於害羞、膽怯，那麼可以鼓勵孩子以書面的方式與老師交流，並主動寫出自己的打算、措施。

正確看待孩子的 異性朋友

　　男女同學正常交往和共同的團體活動，正符合青春期孩子的心理需要，有利於淡化孩子對異性的神祕感和好奇心，促進和形成健全的友誼關係，使人格得到健康的發展。

　　許多國中生都曾對家長的過分管束感到不滿。有的孩子說，父母經常私拆他的信件，偷看他的日記，有的孩子說母親「像偵探人員一樣」監視他與異性同伴的交往；還有些母親一發現孩子與異性同學在一起，便格外緊張，不給異性同學好臉色，弄得孩子很難堪……

　　應該說，家長的這種心情是可以理解的，現在獨生子女，生活條件好，性成熟提前，早戀現象在國中時期已很普遍，家長適當地關心孩子與異性的交往也是無可厚非的。但家長在關心的同時也應該明白，處於青春發育期的孩子，渴望與別人交流的心理感受，渴望別人的關注、認同，他們渴望友誼就像植物渴盼陽光一樣，他們不但喜歡同性、同齡、相同志趣的朋友，他們更渴望結交異性朋友。

　　進入青春期的青少年，性生理上的急劇變化，引起了心理上的一系列微妙而複雜的反應。異性間的相互交往，

以及由相互吸引而產生的愉悅的情緒體驗，是一種良好的、積極的情緒體驗，它不僅對身體健康十分有益，而且對整個心理活動，都會產生良好的生理效應，它可激發人的潛能，使人敏捷活躍而奮發向上。這就是所謂的「異性效應」，這種「異性效應」對這個時期的孩子有著積極的影響。

一、「異性效應」可使同學間相互取長補短、豐富完善個性

男女同學相互交往，相互吸引，往往易於發現對方的長處和自己的不足，有利於相互學習、取長補短，豐富完善自己的個性。

二、利用「異性效應」可以提高學習與活動效率

男孩子在思維模式上偏重於抽象化，概括能力較強。女孩子在思維模式上多傾向於形象化，觀察細緻，富有想像力。男女同學在一起學習可以相互啟發，使思路更加寬闊，思維更加活躍，思想觀點相互啟迪，往往能觸發智慧的火花。

三、利用「異性效應」可以提高自我評價的能力

青春期的孩子由於性意識的發展，往往非常留意異性同學（特別是自己喜歡的異性學生）的一顰一笑、一舉一動，喜歡對異性同學評頭論足，同時男女同學又都很重視

異性對自己的評價。男女同學在評價對方的同時，當然也一定會注意規範自己，塑造自己，完善自己，從而在評價別人中學會評價自己，使自己自我評價的能力得到了提高。

四、利用「異性效應」可以激勵自己奮發向上

由於「異性效應」，青春期的孩子都希望能引起異性的關注，都希望能以自己某些特點或特長受到異性的青睞。

男孩子往往爲此激勵自己，成績要優異，談吐要幽默有禮貌，舉止要瀟灑自如，衣著要整潔大方，要有富於勇敢探索的精神，具有豁達的胸懷和男子漢的氣質。

女孩子也不知不覺地對自己提出了要求，學習要刻苦努力，舉止要優雅大方，待人要溫文爾雅，言談要風趣、富有修養。這種相互激勵就成爲男女同學發展的動力和「促進劑」。

家長對孩子與異性同學的交往，應保持一份平常心，以下要糾正家長對孩子與異性交往的五種誤解。

誤解一：家長認為學生的主要任務是讀書，與異性交往是長大以後的事。

其實，成長包括很多方面，讀書求知主要是涉及智力發展，它只是成長的一個方面。學會與人交往，包括與異性交往，是個人成長中不可或缺的課程，因此，它也是學生學習的任務之一，是一門意義重大的功課。這門課不在

升學考試的科目之列，卻會考人一輩子。如果真的等到離開學校走進社會以後才開始學習與異性交往，很可能就會因為缺乏經驗，而成為這方面的「貧戶」。

誤解二：家長認為這個時期的孩子心智還不成熟，不懂事，不具備與異性交往的條件。

人的心理成熟不可能靠坐等得到，與異性交往的技巧也只能在實踐中去摸索、去提高。事實上，一個沒有學會與異性交往，沒有達成異質社交性的人很難說是一個成熟的人。在一定的程度上，學習與異性交往是青少年走向成熟的一個重要途徑。

誤解三：家長認為這個時期的孩子與異性交往會分散精力，影響學習。

研究發現，一個與異性交往很成功的人，往往情緒飽滿，精力充沛，學習和工作的效率都很高。因此，與異性交往的本身，並不會對學生造成負面影響，相反可能還有積極作用。

誤解四：家長認為這個時期的孩子與異性交往，很容易發展為「早戀」，使孩子犯下不該犯的錯誤。

心理學的研究顯示，異性交往的動機各有不同，在很多時候並不是為了談戀愛。即使是一對一的男女約會，也不能與戀愛劃上等號。雖然青少年還不成熟，容易衝動，

但是，他們都有自我保護的意識和自制能力，在戀愛問題上一般會相當慎重。

誤解五：家長認為如何處理與異性之間的關係，是不需要別人指導的，時候到了自然就會。

對涉世不深的青少年來說，與異性交往是一個全新的領域，有很多的疑問和困惑。有關資料顯示，在社會風氣十分開放的美國，都有相當多的青春期孩子把與異性交往當作是一個難題。

在觀念相對保守，而且對青少年與異性交往充滿偏見的台灣，不難想像青少年在這個方面的問題和困難會更多。據一些心理咨詢專家反映，我國青少年來電、來信所尋求幫助的問題中，與異性交往有關的佔了相當大的比例。

支持孩子與異性正常交往

男女同學正常交往和共同的團體活動，正符合青春期孩子的心理需要，有利於淡化孩子對異性的神祕感和好奇心，促進和形成健全的友誼關係，使人格得到健康發展。異性友誼與「早戀」和「墮落」是不能直接劃上等號的。完全禁止孩子們的正常交往，反而會強化其好奇心。

對孩子灌輸正確的觀念

青春期的孩子正處於求知的黃金時期，是智力發展的高峰期，對寶貴的時光要倍加珍惜。要幫助孩子樹立正確

的人生觀、世界觀，有崇高而遠大的追求目標，就不會無謂地浪費時間和精力，這是防止和糾正早戀行為最有效的辦法。

充實孩子的學習和生活內容

家長透過與孩子一起散步、看電影、看電視、遊戲娛樂和讀書看報等活動，可以使其生活豐富多彩，將注意力轉移到學習和各種健康愛好上。另外，家長要以身作則，作好榜樣示範。父母的行為習慣對孩子的影響很大，家長的作風不檢點，便容易導致青春期孩子的好奇模仿。

讓孩子瞭解目前與異性交往的分寸

讓孩子學會交往中的基本禮儀。西方稱「限制性原則」，前蘇聯稱「分寸感」。我國傳統認為「禮」有「節」和「文」的雙重作用。「節」就是節制，交往必須透過語言、動作、儀式等表現出來，「節」可以對過多的情感和慾望加以節制；「文」就是文飾，即讓行為美化，使倫理具有了藝術的形式。因此，家長要讓孩子瞭解目前與異性交往的分寸：

一、不宜過分親暱

過分親暱不僅會使自己顯得太輕佻，引起他人的反感，而且還容易造成不必要的誤會，即使是有一定的親戚關係或非常熟悉的異性同學之間，也不要隨意流露出過度

的熱情和過早的親暱。比如，在異性同學面前忸怩作態，舉止輕浮，或與異性同學之間拉手、搭肩，更有甚者，與異性同學進行親吻、擁抱等。

二、不宜過分冷淡

因爲冷淡會傷害對方的自尊心，也會使他人覺得你高傲無禮，孤芳自賞。比如：對異性同學歧視或輕視；異性同學跟她（或他）說話，愛理不理等。

三、不必過分拘謹

在和異性的交往中，要該說就說，該笑就笑，忸怩作態反而使人生厭；反之，過分隨便也不好，男女畢竟有別，有些話題只能在同性之間交談，有些開玩笑的話或動作也不宜在異性面前說或做出來，這些都是要注意的。

四、不要饒舌

故意賣弄自己見多識廣而講個不停，或在爭辯中強詞奪理不服輸，這些都是不討人喜歡的；當然，也不要太沈默，老是緘口不語，或只是「噢」、「啊」，容易使人掃興。

五、不可太嚴肅

太嚴肅叫人不敢接近，望而生畏；但也不可太輕薄。幽默感是討人喜歡的，而「二百五」地故意出洋相，還自以爲幽默；就適得其反了。

給父母的悄悄話：

家長透過與孩子一起散步、看電影、看電視、遊戲娛樂和讀書看報等活動，可以使其生活豐富多彩，將注意力轉移到學習和各種健康愛好上。

別擔心，他只是孩子的 「死黨」

放輕鬆一些，孩子的世界其實很單純。請呵護孩子的同性朋友，因為在他的「死黨」身上，你能看到孩子所渴望及嚮往的自我。

很多學生喜歡將自己談得來的同性夥伴稱為「死黨」，他們往往是同班同學，有著相同的性別和說不完的共同話題，整天形影不離。在校園中，經常可以看到兩個女生或兩個男生特別要好的情形，尤其是女生更為明顯。他們一起上學，一起玩耍，一起分享快樂與憂愁，對其他同學的介入還會產生嫉妒。平常不願對父母、老師、親戚說的祕密，他們相互交流。應該說，在同伴中「死黨」是屬於青春期的孩子無話不談的密友，是最瞭解自己「祕密」的夥伴兼「親信」。

其實，這是很正常的事情，而且多半是屬於青春期少女（少男）的同性依戀情結。從兒童期過度到青年期的生理和心理發育，大致要經歷：兩小無猜期，兩性疏遠期，兩性愛慕期和戀愛期。但有些青少年在兩性疏遠期中可能有另一種自然傾向——同性依戀。

　　心理學研究顯示，青春萌動前期的少男少女渴望友誼，急切尋找能理解自己的人，可以促膝長談悄悄話，同時，他們又正處於對異性的排斥階段。在學校裡礙於規定，異性學生之間不能大大方方交往，因而出現了明顯的男女生分界。在與同性朋友交往中，有些女孩子渴望結識年齡稍長的，能保護自己的姐姐，以及瞭解和愛護自己的「姐姐」。有些男孩子則願意和見多識廣的人交往，特別崇拜有創造性，有獨立見解，事業有成的「哥哥」。剛開始只是傚法，進而發展成爲愛慕依戀。

　　這種情結的發展在兩性疏遠期是十分自然的，因爲在這一階段，異性之間的交往和親近，最容易受到同學們的注視和非議，而同性間的接近和親熱，則顯得自然和安全，這種同性的友誼也容易帶有愛慕色彩，進而出現依戀情結。這種青春期同性依戀畢竟與同性戀有區別，我們決不能把學校裡的男女同性間，比較要好或親密現象，一概視爲不正常。

　　有同性依戀傾向的青少年，絕大多數很快會成長到兩性愛慕期。同時，同性依戀並不等於同性戀。同性依戀與同性戀是兩個截然不同的概念。

　　正值青春期的少男少女渴望友誼，急切地尋找能理解自己的人，可以促膝長談，傾吐心中的悄悄話。同時，他

們又正處在對異性的排斥階段。所以，他們的親密朋友都是心心相印，以誠相待，息息相通的同性同齡人，這是正常的現象。

由於這一時期少男少女的性生理處於發育階段，性成熟現象普遍存在，這與他們幼稚的思想意識相矛盾，朦朦朧朧的性心理，促使他們透過各種盲目的方式去體驗性感覺，如：擁抱、親吻、玩弄外生殖器等。其發洩對像多是他們親密的小夥伴，所以不應該視爲同性戀。

儘管如此，對青少年時期這類同性相依的現象，切不可掉以輕心。因爲同性之間過分地依戀，容易喪失自己的獨立性和完整的人格，產生社會交往的不適應感，將自己圍於狹小的人際交往圈中，在長大成人以後易發展成同性戀。

如果青少年和同性關係異常密切依戀，會產生只有和同性在一起玩耍交往才舒適協調的意識，到了和異性進一步交往的年齡時，可能仍然不願意或害怕與異性交往接觸，此刻若缺乏正確的引導和教育，很可能導致拒絕、厭惡異性，追求同性或獨身。所以說，過度的同性依戀現象，對孩子身心發展會產生不利的影響。

判斷孩子依戀的原因

拿出一張紙來，讓孩子想想如果和依戀對像分開，他

會怎樣。不要單純地讓孩子寫出：焦慮、傷心、難過等情緒，要讓孩子寫的是，比如：和他（她）分開自己就只有一個人，和他（她）分開他（她）就會和張三好……透過孩子寫下來的線索，你可以知道孩子的依戀，到底是出於哪些原因：是對面臨獨立的恐懼？對父母依戀的轉移？逃避異性愛？……等等。這樣，你就可以知道在孩子的依戀後面，真正需要的東西；一般來說，找到孩子真正需要的東西，著手解決就很容易。

幫助孩子透過與同性相處得到成長

因為孩子依戀的對象，都是具有孩子希望有而自己並不具有的一些特質，現在，讓孩子將最欣賞他（她）的那些特點寫下來，並考慮透過哪些方法，讓孩子也能夠擁有這些特質。當孩子也具有這些特質以後，你會發現，你和他（她）的關係變得自然而輕鬆了。

擴展孩子的同性交往圈

在溫馨親切的氣氛中，採取循循善誘的方法，鼓勵孩子多交朋友，有意識地介紹幾個志趣相投的男女同學給孩子，讓他們共同學習、娛樂、交往，以逐漸減少對特定的同性之間的依戀感。

鼓勵孩子與異性交往

讓孩子在與異性的交往中，感受到異性的優點，即便

起初孩子因羞澀或者由於某些特定習慣覺得異性不好，做父母親的也不應斥責或者冷眼相待，而應該鼓勵孩子與異性繼續交往下去，透過慢慢熟悉達到慢慢理解的地步。

鼓勵孩子以獨立心態交友

告訴孩子：同學之間關係親密很正常，即使兩個當事人之間沒有問題，但還是要考慮到自己的行為，能否被周圍的環境所認可。同性間的交往，還是順其自然為好，這樣，周圍的人也才會感到自然。

同時，要告訴孩子以獨立的心態和獨立的人格來進行活動與交往，不要對對方言聽計從，要讓孩子學會保留自我。

給父母的悄悄話：

在溫馨親切的氣氛中，採取循循善誘的方法，擴展孩子的同性交往圈，同時讓孩子在與異性的交往中，感受到異性的優點。

Build

a

future

for

your

kids

**請用 正確的態度
打造 孩子的未來**

獨立，
才能思考

──自立教育中的心理學

人類社會不是溫室，那裡既有明媚的春光，美好的友情和親情，也有
驚濤駭浪。

讓孩子建立自我價值感、自信心與責任感的好辦法，不是為他建造一
個暖融融的房間，而是給孩子分配一些適合他們做的家務事，讓其在
勞動中學會生存。

受之以魚不如授之以漁。

獨立，才能思考

公元前二六五年，正是戰國時期。秦國出兵攻打趙國，一連攻下三座城堡，形勢非常緊急。趙國派人向齊國求救，齊國表示趙國必須送趙太后最小的長安君來做人質，以取得信任，齊國才能派兵援救。趙太后聞聽，實在捨不得，因而大怒。大臣們多次進諫，都碰了釘子。

一天，趙國國師觸龍求見趙太后。她憋著一肚子氣請觸龍進來。觸龍慢步走上殿來，等太后情緒平靜後，先試著談自己的私事。他對太后說：我家有一個小兒子叫舒祺，我很喜歡他。可是我的年紀已經老了，想懇求太后能賜他當您的衛士，以保衛皇宮，望太后恩典。

趙太后一聽私事相求，就說：「好啊！你的小兒子有多大年紀了？」

觸龍說：「有十五歲了。雖然他的年紀還小，可我希望趁自己離開人世之前，把小兒子托付給趙太后，這樣，我也就沒什麼牽掛的了。」

趙太后問：「你們男人也是這麼喜歡孩子嗎？」

觸龍說：「當然，我們男人愛孩子的程度，甚至超過

婦人。」

觸龍看趙太后的情緒完全平靜下來，便因勢引出她的小兒子，說：「做父母的愛子女，應當為他們做長遠打算。今天，太后給了長安君以尊貴的位置、很大的權利，封給他大片肥美的土地，賞給他很多的金銀財寶，而又不趁現在叫他為國家建立一點功勞，這不是真正愛您的小兒子。恕我直言，將來太后百年之後，長安君靠什麼在趙國站得住腳呢？我以為，您為小兒子打算的眼光太短淺了。」

趙太后覺得觸龍說得很有道理，心服口服，就讓觸龍辦理。觸龍立即令人為長安君做準備，送他到齊國做人質。齊國很快出兵，將秦兵打退，救了趙國。

給孩子一定的自由，表明我們信任和尊重孩子，孩子也會因此更加尊敬我們、愛我們。

事事都包辦代替的媽媽，顯然不是好媽媽，這樣只會害了孩子。孩子雖小，但他有自己的頭腦、思想和情感，他是他自己。我們只能在他很小的時候，在一部分事情上幫幫他而已。試想，一個十幾歲的大孩子如果鞋帶鬆了自己還不會繫好的話，他會感謝媽媽以前十多年來辛辛苦苦為他繫鞋帶嗎？他只會抱怨媽媽為什麼沒有教會他，來做這樣簡單的事情。

孩子對父母親有一定的依賴性是正常的，甚至是健康

的。然而，過度的依賴性又會造成孩子不會檢查、糾正自己家庭作業中的錯誤，在課堂上不能獨立思考問題，或者不能主動結交朋友，這最終會使他喪失獨立的能力。你的孩子是否有過度的依賴性？

對於孩子，如果有以下一些依賴性行為，家長和老師就應該予以重視了。

一、在休息時，只想和老師或班長待在一起，而不想與其他孩子一起玩耍。

二、經常向老師請求太多的指示、幫忙和建議。

三、如果老師不坐在旁邊，手牽手地教他應該怎樣參加某項新活動，他就不願參加。

四、當父母有可能輔導他作業時，他就不願獨立地完成這些作業。

如何培養孩子的獨立意識？讓其獨立的走人生之路呢？不妨做點下面的事情。

從檢查自己的行為開始

分析自己是否把孩子做學生所要做的事，當成了自己的事。

應鼓勵孩子獨立自主地做事情，而不要怕犯錯

與孩子的老師聯繫

讓老師知道你對孩子的擔心，並和你一起努力、互相

配合，以便你們的措施和獎勵保持連續性和一致性。

創造性地使用下面舉出的一些自立自強的辦法：

一、按時上床睡覺，並按時叫他起床。一定要讓孩子知道怎樣使用鬧鐘。

二、為孩子提供一個放置上學用品的書桌。尋找昨晚的家庭作業簿那並不是父母的工作。

三、安排家庭作業時間。對缺乏獨立性學習能力的孩子，你可以和他一起看一下他的家庭作業，幫他讀懂題意，然後安排一個五分鐘的時間段，讓他在這五分鐘內獨立學習。持續練習一星期後，把時間段延長至十分鐘。這樣不斷地逐步地連續增加孩子獨立學習的時間，並在這一過程中，對孩子的獨立學習進行獎勵，就會大大提高孩子的自主能力。

四、分解。與孩子一起把家庭作業分為更小的幾部分。讓孩子一點一點地完成作業有助於孩子持續獨立的學習。

五、為孩子製作一張「獨立自主」表。每星期製作一張圖表，列出你希望孩子達到的行為，例如：獨立完成家庭作業；不需別人提醒地分擔家事；給新結識的朋友打電話；按時叫醒自己起床上學。讓孩子檢查並記錄自己每天是否達到了這些行為標準，並根據所達到的情況對其進行適當的獎勵，如果孩子不可能達到上述某些標準，你就應該把

這張表的內容進行適當調整，以便這些行為在他力所能及的範圍內執行。然後，等到困難的行為標準對孩子變得較為容易的時候，再把它重新列入這份表中。

給父母的悄悄話：

沒有獨立思考的孩子，就沒有獨立性。要培養孩子的獨立思考，就要提拱一些機會給孩子自己去思考，去感覺：什麼是對，什麼是錯，什麼應該做，什麼不應該做。

教育就是授人獨立自主之道，並開拓躬行實踐之法。讓孩子出自己的力、流自己的汗、採收自己努力的成果才是英雄漢。

他的時間 由他做主

當今教育改革，把原來的以教師、課堂、書本爲中心轉變爲以學生、社會、經驗爲中心。

人本教育，主要以培養學生的個體自主、人格獨立和精神自由爲目的，突顯學習的樂趣、思維的創造力、精神的愉悅和心理的健康。這要以尊重學生爲前提。但連自主支配課餘時間的權利都被剝奪，何談尊重？

如今，學生們的課業負擔仍然十分沉重，儘管中央三令五申給學生減輕負擔，但事實上，學生們並沒得到真正的減輕，就連課餘的時間都被安排得滿滿的。近日民間教改基金會調查，有百分之八十的國中與高中學生週休日及課餘時間都在補習，沒有自主支配的時間，學生只能在困惑和無奈中認可學校與家長的安排。

其實，孩子對許多事情都有自己的打算和想法，也希望自己可以安排時間和活動。對於家長的安排，孩子們或抱怨或沉默，在家長覺得平靜或很正常的表象下，其實已積蓄了孩子的叛逆心理。課餘時間任由家長支配，剝奪了孩子的自主支配權，實際上是對孩子的不尊重。教孩子如

何尊重別人，而身為父母卻不給孩子應有的尊重，父母這樣的言行不一，如何有利於孩子的身心健康？

文學家傅雷，這個在我們看來很成功的父親，在孩子成年後，寫下這樣一番感人肺腑的話：「可憐過了四十五歲，父親才真正覺醒！孩子，我虐待了你，我永遠對不起你，我永遠補贖不了這種罪過。」

原來，傅雷讓只有幾歲大的兒子每天上、下午連續好幾小時的練琴，有時彈得十分睏倦，手指酸痛，也不讓兒子休息。

傅聰終於成了鋼琴家，可是傅雷還是說：「結果是一回事，當年的事實又是一回事，孩子！我要怎樣地擁抱你才能表示我的悔恨與熱愛呢！」

因此，家長最好不要干涉孩子的正當活動，這是家長和孩子在權利和義務方面互相尊重的表現。

自主並非意味著毫無目的，隨心所欲，無拘無束。自主支配課餘時間指的是孩子在課餘時間裡能夠自己確定活動目標，制定活動計劃，在活動中對自己的行為做自我監控、自我調節、自我評價。而由孩子自主安排時間的好處是顯而易見的。

一、有利於培養孩子的個性

當前國高中各學校實行的教育體制是班級授課制，來

自不同地域擁有不同文化背景，具有不同性格氣質的學生來到同一所學校，坐在同一間教室，看同一本書，聽同一個老師講課，做同一本練習冊，這種標準化模式化的教育方式其暴露出來的弊端越來越明顯。這種教學方式由於未考慮到學生的興趣愛好，學生原有的知識水平，一味採取灌輸式的教學方法，抹殺了學生的個性，培養出千篇一律的學生。

除了考慮到教育改革的漸進性和我國的教育現實。給孩子自主支配課餘時間將有利培養孩子的個性。在課餘的時間裡，孩子能根據自己的愛好特長，自我制定發展目標和計劃，彌補學校班級授課制的不足。十七歲的女高中生郁秀就是這方面典型的例子，因為老師家長給她充分的自主支配課餘時間的權利，她利用課餘時間閱讀了大量的課外書籍，並且寫了二十多萬字的文學創作，自己的個性才華得到了充分的發展。

二、有利於培養孩子的創造力

「創造力是一個民族興旺發達的不竭動力。」

學生是國家未來的建設者，學生時代是培養創造力的關鍵時期，而創造力的培養必須要有一個較為開放的環境。

如果家長老師課內課外都把學生盯得死死的，事事時時都為孩子制定了各種嚴密的計劃，孩子一旦有不同聲音

就給予限制，這樣的教育環境怎能造就一代新人？而孩子如果長期習慣聽命於教師家長的安排，不學習安排支配自己的時間，按部就班，畏首畏尾，缺乏自主意識和獨立思考創新精神，這樣教育制度成長之下的小孩長大之後也難以出人頭地。

偉大的生物學家達爾文，小時候放了學就奔向大自然，觀察鳥獸美麗的羽毛，聆聽昆蟲動聽的歌聲，思考動物種類之間的關係，成年後他根據自己的發現，大膽地提出進化論，否定了上帝創造論，開闢了生物學和人類學的新紀元。如果，當初小達爾文課後也被家長限制做這做那，今天做《國語評量》明天做《數學評量》恐怕就沒有他日後的成就。

三、有利於培養孩子自立自強的品格

能否對自己的行為進行自我計劃，自我監控是判別真「自主」與偽「自主」的重要依據。

當今的孩子特別是都市裡的學生，若又出生在優渥的環境中，再加上家長們的高期望，這些孩子出生後，就被納入一整套的「精英教育計劃」中，課內被「滿堂灌」折磨個半死不活、課後還要參加家長制定的名目繁多的鋼琴班、舞蹈班、美語班……學生沒有自己的主見，似乎是為他人而活，從不考慮給自己做個計劃，養成依賴的壞習慣。

　　孩子若失去了獨立的生活能力，有時碰到一點挫折就想到輕生。教育部統計，每年大約有百名大學生因為缺乏自主自理能力，造成生活學習的不適應而被退學或留級。如果老師、家長能還給孩子自主支配課餘時間的權力，給他們鍛鍊自立自強的機會，可讓他們日後能更快適應新的生活，接受各式各樣的挑戰，把命運牢牢掌握在自己手中。這其實是對孩子更加負責，是對人的生命的尊重，是人性的回歸。

　　英國大教育家約翰洛克說：「學生興致最好的時候，學習效率要比平常好上兩三倍，而強迫去學就要花費加倍的時間與汗水。」

　　孩子在課餘時間裡按興趣選擇活動，獲得輕鬆與愉悅，再以良好的狀態回到學習中去，便能得到最好的效果。況且娛樂並不等於玩物喪志。娛樂可以是閱讀，可以是遊戲，可以是打球、練樂器，促進學生身心健康成長。在課餘時間裡，學生可以根據自己的興趣與愛好選擇娛樂、學習、休息等自己需要的活動，這是減輕學習負擔的好方法。

　　讓孩子自主支配課餘時間，是人內在本質特徵的要求。由大人們支配孩子課餘時間的惡果也許短時內還看不出來，但真正的危機會發生在他們成人之後。當不再有人要求他們做什麼時，當他們真正需要主宰自己的行動時，

他們便開始手足無措，顯然，他們已養成了依賴別人的習慣，已缺乏了自己做事的慾望、勇氣與能力了。

這是爲孩子定下小時候看父母和老師眼色做事，長大後看主管臉色辦事如此無主見的人生，就像雄鷹被拔掉了羽翅，又何談在現代社會立足？

愛因斯坦說「人的差異產生在業餘時間」。同樣，著名科學家達爾文「我從來不認爲半小時是我微不足道的一段很小的時間」。

從這兩位大科學家的話裡，就可以看出他們是多麼重視時間，珍惜時間，同時他們一個個都是運用時間的能手。身爲家長的你應該重視培養孩子安排時間，運用時間的能力。

讓孩子出去玩

該玩的時候，就讓孩子們去玩，要讓他們多和別的孩子一起玩，培養開朗、熱情的性格與團隊合作的精神。在這方面，家長不要有功利心，否則，會扼殺孩子的天性。不要在雛鷹剛學會飛翔時就爲它規劃好飛行的軌道，那他們永遠也飛不高。

把睡覺的時間還給孩子

根據中小學生長身體的規律，每天需要睡眠時間爲九小時，但調查顯示學生的睡眠時間在八小時以內的占百分

之四十八．六，在九小時以上的僅佔百分之五十一．四，這說明有近二分之一的學生睡眠時間不足。正因爲如此，有百分之二十九的學生把睡眠時間當作自己最想爭取的權利之一。

專家指出，如果睡眠時間和品質得不到保障，將嚴重影響兒童的身體發育和身心健康。當你的孩子想要睡一會兒休息時，身爲母親的你一定要滿足他的要求，因爲那也是他的權利。

為孩子制訂一份休閒計劃

對一些較重大的節假日和休閒項目做出妥當的安排，這樣能使孩子的休閒和學習有條不紊地交叉進行，使身心得到有效地放鬆和調適。

而且，一旦制訂出了既愉快又切實可行的休閒計劃，那麼在這一時間尚未到來之前，孩子的心情會是愉快而充實的，孩子也能精神振奮地投入學習和工作之中。

善於利用假期

假期是父母親與子女之間溝通瞭解的好機會。平時孩子有寫不完的作業，家長也很忙，彼此間只看到忙碌的身影。只有到了假期孩子才有更多自由支配的時間。而有些家長把放假看成是上學的延續，因此各種家教各種補習班塞滿了孩子的假期生活。

現實中許多家長所謂發展孩子的特長，其實是發展家長的個性，對孩子來說學校教育是被動的，是別人讓我學的；而假期應該轉變為我要學，要讓假期不再成為孩子的又一種精神負擔。

家長可利用假期多聽聽孩子的傾訴。現在的孩子所承受的壓力越來越多，而那些壓力間接來自社會、來自家長、老師、學校的壓力，因而家長更要注意利用假期對孩子的心理進行調適。不要以為只有得了心理疾病之後才需要調適，家長應試圖透過調適、溝通來緩解孩子的壓力。

幫助孩子對他在近期內的活動有一個理智的分析

看看孩子近期內要達到哪些目標，長遠目標是什麼，孩子最迫切需要的是什麼，各種活動對自己發展的意義又有多大等等。然後做出最好的時間安排，並且在執行計劃中不斷地修正和發展。

給父母的悄悄話：

孩子在課餘時間裡按興趣選擇活動，可以獲得輕鬆與愉悅的心情，當孩子再以良好的狀態回到學習中去，就能得到最好的效果。

該玩的時候，就讓孩子們去玩，要讓他們多和別的孩子一起玩，培養開朗、熱情的性格與團隊合作的精神。在

這方面，家長不要有功利心，否則，會扼殺孩子的天性。
不要在雛鷹剛學會飛翔時就為它規劃好飛行的軌道，那他
們永遠也飛不高。

尊重孩子的 隱私

　　有一位媽媽偷看了剛上國中女兒的日記，看了以後大發雷霆，因爲她發現女兒在日記裡寫了她的性幻想。

　　她對女兒狠狠地說：「你真不要臉，這麼小的年紀就想到這些問題，我怎麼會有你這樣的小孩！」

　　最後，這位母親還說要把女兒的日記告訴老師、同學。女兒感到十分憤怒，和她媽媽爭辯，可是這位母親怎麼也不道歉，而且執意要告訴學校。結果女兒被逼無奈，離家出走，母女關係鬧僵了。這位母親的做法是愚昧的，是錯誤的。錯在哪裡？

　　第一，她侵犯了孩子的隱私，孩子的隱私權是不能侵犯的，隱私就是她不願意告訴別人的事情；第二，她不但偷看了女兒的日記，而且還揚言把日記的內容告訴老師，那麼她這就犯了第二個錯誤，把女兒的隱私通告給別人，更是錯上加錯了。

　　不止一位家長這樣說過：「孩子越大越不聽話，不像從前那樣，有什麼事都和父母講。」

　　有的家長還發現孩子有些事是背著父母去做，有些東

西藏起來不讓父母看見，同學之間的書信和他自己的日記總要放到安了鎖的抽屜裡，對孩子的這種行為他們感到非常不安，怕孩子染上壞習慣。

這樣的家長，習慣了對孩子過於保護和包辦一切的教育方式。他們有的人因發現孩子對自己有所保留，竟千方百計地翻看孩子的書信和日記，然後把其中的一些內容當作孩子「錯誤行為」的證據，拿去指責孩子，傷了孩子的自尊心。

其實這樣做只會進一步關閉了孩子和父母之間溝通的橋樑，失去了孩子的信任。我認為，家長關心孩子的心情是可以理解的，但這種過度保護、過度干涉，不允許孩子保有自己隱私的做法是不妥的。

人的心理發展是分階段的，也是有跡可循的。嬰幼兒時期，孩子一切依賴父母，少年時期孩子也許仍把父母當作學習、模仿的第一榜樣。但是，進入青春期後情況發生了變化，隨著成人意識的出現，他們要在更廣的範圍內接觸社會和人生，此時，人的隱私內容發生了變化而且範圍逐漸擴大。

隱私可以是具體得失，也可以是個人的理想、觀念、人際關係、身體狀況等等。隱私權是公民對於個人生活祕密和個人生活自由為內容的禁止他人干涉的人格權。對隱

私權的重視是社會的文明和進步，懂得個人隱私的保護是一個人走向成熟的表徵。

很難想像，如果人們之間沒有隱私，社會將會是什麼樣子？那樣的社會如何進步？同樣，一個人如果總是不恰當地把屬於個人的隱私公之於眾，這也必然使他無法適應社會生活，造成人際關係的不協調，也是他心理素質存在的問題、心理年齡滯後的現象。

保護個人隱私是適應社會生活的條件之一，保護隱私就是保護自己。當孩子的隱私意識逐漸增強時，家長應當高興才對。因為這是你的孩子開始走向成熟的表徵。一個毫無保留地在父母和他人面前，訴說自己內心感受的傻孩子，是不會成為成熟的人的。

人都有不願告訴別人私事，這便是隱私。個人隱私應得到尊重，法律也規定保護個人隱私不許侵犯，這便是隱私權。大人的隱私權且不說，孩子的隱私權受侵犯是常見的事。侵犯者常是父母，那麼，侵犯孩子的隱私權有哪些危害呢？

一、傷害孩子的自尊心

隱私常常包含個人的缺陷（包括生理、行為等方面）、錯誤、失算，是孩子自尊心遭到打擊的項目。如果把自尊心比喻為花瓶，隱私就是瓶上的細小裂紋，所以當老師的，

做父母的更應細心保護好這個花瓶。隨便暴露孩子的隱私，甚至當眾宣揚，這無異於是拿著鐵鎚敲打這個有裂紋的花瓶，讓孩子無地自容，把孩子的自尊心都敲碎了。

二、打擊孩子的自信心

對自己能力的信心就是自信心。孩子希望有一定的獨立性，希望自己的某一領域不受干預，這正是有自信心的表現。做錯了事，想偷偷改；課業落後了，想暗自追上去，這也正是不喪失自信心的表現。輕易地破壞他們這種希望，侵犯他們這方面的隱私，就會無意中打擊了他們的自信心。

三、麻痺孩子的羞恥心

孩子因知羞恥才把某些過失、缺陷看作隱私，隨便被揭開、公佈、宣揚，孩子起初還會覺得難堪、痛苦，以後便會變得麻木。

四、削弱孩子的自省力

寫日記是一種自省的方式，偷看孩子的日記，又把日記的內容宣揚出去，是不可取的。向父母吐露心事也是孩子的一種自省方式，父母聽了卻又透露給外人，這也是很不可取的。不尊重孩子這方面的隱私，孩子就會不再重視這些自省方式，就會大大削弱自省的慾望和能力，妨礙孩子健康成長。

五、破壞孩子的人際關係

　　孩子的一些隱私會涉及他的同學、朋友，比如與朋友一起進行並非不正當，但又不願別人知道的活動，並約定保密。教師和家長知情後，不分青紅皂白將事情公諸於眾，這便會招致朋友和同學的怨恨，破壞了孩子與別人的友誼。

　　六、削弱孩子與親人的親密關係

　　孩子的隱私常被侵犯，家長又不善於補救，其結果必定是孩子對父母反感，不信任。一旦雙方形成隔閡，再對孩子進行有效教育就困難了。

　　有人問：「照這麼說，一切都由著孩子，孩子的私事不是都不能過問了嗎？」不是這個意思，要過問，但要明確指導觀念，講究方法。應該先尊重孩子的隱私權，再讓孩子自覺自願地和你談他的隱私。

　　隱私的特點是具有一定的相對性，自己的私事對一些人是隱私，對另一些人可以不是。隱私可以轉化，不信任你時是隱私，信任你了可以不是隱私，對另一些人可以不是。

　　瞭解孩子，並不是把孩子當成一個沒有尊嚴、沒有隱私的個體，恰恰相反，首先我們要充分尊重孩子的權利，尊重孩子，信任孩子，才能夠建立和諧的親子關係，才能真正地瞭解孩子的個性、特點、優勢，教育才能真正有效地發揮作用。當孩子和你之間充滿敵意，和你疏遠，你就

根本無法走近孩子，也就無法瞭解孩子的內心。教育只停留在表面，那不是真正的教育。

爭取孩子信任自己，使孩子主動、自願地披露心中隱私

這就必須盡可能做到：長期日積月累地培養孩子對父母的信任感；培養孩子與父母交換想法感情的習慣；不要找各種理由偷看孩子的日記，私自拆開孩子的信件；兌現對孩子的承諾，不能兌現時也得說清緣由，取得孩子的諒解。

給孩子一個獨立的空間

身為父母的你應該放下心來，相信孩子能帶著祕密健康成長。如果家庭有能力的話，可以給孩子一間獨立的房間，最少給孩子一個只有他自己才能開啟的抽屜，允許孩子有一個較自由、安全的空間，並讓孩子知道，父母相信他，不會破壞屬於他自己的空間，這樣才能讓孩子在家裡找到一個有安全感的地方，不至於向外尋求安全，從而遠離家庭，遠離父母。

父母要以身作則

父母之間可以有一些小祕密，相互尊重對方的隱私，不要相互指責、猜疑。必要的時候，把自己的祕密拿出來和孩子分享，聽聽孩子的意見。

不打擊孩子

即使知道了孩子的祕密，也不要像抓住小辮子一樣對孩子進行打擊、批評，要像幫助朋友一樣幫助孩子，幫他們出主意想辦法。

給父母的悄悄話：

保護好孩子的隱私就是尊重孩子的人格。這方面做好了，孩子們才會把你當成他們的知心朋友，才會告訴你關於他們的祕密。

自己的事情 自己做

　　在小洛克菲勒四歲時，有一次，當他遠遠看到父親老洛克菲勒從外邊走進來時，就張開雙手興沖沖的向父親撲了過去。老洛克菲勒並沒有去抱他，而是往旁邊一閃，結果小洛克菲勒撲了個空，跌倒在地上，哇哇大哭起來。

　　等孩子哭完之後，老洛克菲勒嚴肅地對兒子說：「孩子，不要哭了，以後要記住，凡事要靠自己，不要指望別人，有時，連爸爸都是靠不住的。從現在開始學會自立吧！」

　　正是因為洛克菲勒家族教育子女特別認真，注重培養孩子的獨立生活能力，使孩子養成自立、自強的習慣。所以洛克菲勒家族裡沒有出過敗家子，使其家族歷經幾個世紀也依然繁盛如初，沒有像美國其他的跨國財團、億萬富翁僅僅經歷幾十年或一、二百年就衰落了的歷史。

　　什麼是自立，顧名思義，自立就是自己的事情自己做，不會的事情學著做，而且一定要做好。不依賴別人。我們每個人來到這個世界都要學會自立，因為自立是人在社會上的立足之本，所以只有學會自立才能在這個充滿競爭的

社會上生存下去。

美國作家提爾布格 · 克拉克他的一篇小說《鉤》，描寫了一隻雛鷹被父母遺棄後歷盡千難萬險，終於長成一隻驍勇無比雄鷹的過程。

鉤是這隻鷹的名字，鉤還在巢裡嗷嗷待哺的時候，發生了嚴重的旱災，鷹沒有了食物幾乎都餓死了。鉤的父母為了養活它，覓食的範圍一天比一天大，飛得一天比一天遠，最後只得放棄。將牠推出那築在橡樹頂上的巢，雙雙飛走了。鉤還不會飛，不會覓食，只得在草叢裡蠕動，吃些螞蟻甲蟲之類的小蟲子充飢。

人類社會不是溫室，那裡既有明媚的春光，美好的友情和親情，也有驚濤駭浪。一個人要能夠在社會的海洋裡搏擊而不至於被淹死，就必須要有強健的體魄和堅強的意志，掌握謀生的技巧和本領。為了我們個人的明天也為了我們國家和民族的未來一定要學會自立。

身為父母的你，不可能一輩子都牽著孩子的手，有些家長總愛包辦孩子的一切，這樣使他們形成對父母的依賴，從而喪失了寶貴的獨立精神，為他們將來的發展設下障礙。

在經濟發達的國家中，許多家庭的父母十分重視從小培養孩子的自理、自立能力。他們從鍛鍊孩子的獨立生活能力出發，對孩子的教養採取放手不放任的做法。放手，

就是從孩子生下來，父母就設法給孩子創造自我鍛鍊的機會和條件，讓他們在各種環境中得到充分的鍛鍊。

在美國一歲左右的孩子基本上是自己吃飯，父母將孩子「綁」在椅子上，把食物放在小桌上，讓他們自己用小刀叉吃飯，吃得到處都是，臉上沾滿了奶油，將飯菜打翻，父母不急也不惱，但父母決不哄著餵食，這樣大約二歲大的孩子就能與家長一起用餐。

在瑞典，孩子出生後很少被父母抱在懷裡，在家裡一般是放在小床上，出門放在娃娃車上，會走的自己走，哭也不抱，小孩子從不與父母同睡。

在德國，一歲左右開始學走路的孩子，搖搖晃晃地艱難前進，跌倒了爬起來，再跌倒再爬起來，基本上沒有賴在地上大哭不止，非要大人扶起來不可的情況。

美國的中學生都懂得「要花錢自己賺」，上大學要靠自己打工賺學費，在美國新罕布什有百分之七十七的高中生打工。在寒冷的冬天，當我們的孩子還在熱被窩熟睡時，美國孩子已經挨家挨戶送報紙去了。

相比之下，我國的許多家庭，特別是富裕家庭中的獨生子女，父母過度地保護與過多地照顧的教養方式，其實是不利於孩子的自理、自立。

父母應該清楚，你不可能跟孩子一輩子，也不可能包

辦一輩子。從小培養自理自立的能力、堅毅頑強的性格、適應環境的能力，將使孩子受益終生。

　　人生是一個艱難的路程，有時會遭遇困難，有時會遇到挑戰，這時，真正能夠幫助孩子的只有他自己，能夠拯救他的也只有他自己。此時，最要緊的是他必須能夠自立。

　　自立就是那個孩子在掉進泥坑中後，自己幫助自己勇敢爬出來；自立就是小洛克菲勒摔倒後，自己依靠自己重新站起來。自立就是遇到困難時自己想辦法自己解決，自立就是遇到挑戰自己勇敢反擊。

　　培養孩子的獨立意識，對於孩子今後的成長有至關重要的作用。他會在今後的成長過程中擺脫依賴心理，在工作中形成自己的志向，做出自己的決定。做事會更充滿信心，不至於陷入孤獨無望的境地。

　　家長們要培養孩子的自我意識，給他們一些成長的空間，多鼓勵他們去獨立的完成事情，即使他們失敗了，也要多給予他們鼓勵，鍛鍊他的獨立意識，增強他的信心。真正具有獨立精神的人，對自我意識會有一種強烈的需求，他們不須借助任何依賴，就能形成自己的志向，做出自己的決定。

給父母的悄悄話：

　　對孩子自理自立能力的培養，應該遵循由小到大、由易到難、由簡到繁的原則，讓他們在現實生活中體驗、成長，並及時給予鼓勵哪怕是微小的進步。

　　獨立的生活能力是培養孩子未來獨立性的基礎。獨立性是一個人非常重要的心理品質，對人一生的發展和成才起著至關重要的作用。

挫折教育 的最新觀念

有人曾經問一個孩子：「你是怎麼樣學會溜冰的？」

孩子天真地回答：「跌倒了就爬起來，爬起來若再跌倒，就再爬起來，這樣子就學會了。」

孩子跌倒以後，不同的國度，不同的人，採取了不同的做法。

做法一：扶起來

這是我國父母的普遍做法。

孩子跌倒以後，我們的家長多半會趕快跑過去扶起孩子，幫孩子拍掉身上的泥土，安慰孩子不要哭；有的把小孩扶起來後不再讓他自己走，而是背著走路；有的朝著絆倒孩子的地板出氣，說「這地板真壞，看媽媽怎麼打它」，以此來安撫孩子……

曾幾何時，我們父母的做法受到了猛烈的抨擊。批評者認為，如此的教育方法使得我們的孩子脆弱、獨立性差、過分依賴父母，並斷言，在父母庇護下的孩子長不大！

做法二：自己站起來

這被認為是美國等一些西方國家，培養孩子獨立性的

典型做法。請看從國外回來的一位學者的親歷：

澳洲人喜歡帶著二至四歲的小孩到購物中心玩，但因地滑小孩就容易摔倒，而他們的父母卻都不去幫忙扶起來。

看到第一、第二、第三個時都未引起我的注意，但看到第四個、第五個時我就有點不理解，於是我向女兒提出了疑問：「爲什麼小孩跌倒了大人不去扶起來呢？」

女兒回答我：「這是他們的教育方法，讓孩子在哪裡跌倒就從哪裡爬起來，從小就養成獨立的生活能力。據澳洲人講，這樣做有三種好處：一是讓小孩知道跌倒是自己不小心，今後多注意不要再跌倒了；二是小孩跌倒了，讓他自己支撐起來，可以鍛鍊小孩的毅力；三是小孩跌倒了，讓他自己爬起來，不嬌慣他，能養成他獨立生活的態度和能力。」

這種做法，被專家學者廣泛推崇，教師與家長亦爭相效仿。

做法三：別急著站起來

這種方式源於一位旅行者的啓示。

一個旅行者在行進的途中，突然改變了原來選定的路線，決定抄近路前往目的地。沒想到，在他穿越那片看似很平坦的草地時，沒走幾步，腳被什麼東西猛地絆了一下，把他絆倒了。對此，他並沒有太在意，於是他從草地上爬

起來，揉了揉有點兒疼的膝蓋，繼續前行。但是走不到十步路，他又結結實實地摔了一跤。這一回他沒有急著站起來，而是躺在那裡，一邊揉著受傷的腿，一邊仔細地打量著腳下的草地。

原來，絆倒他的是一個草環，那是一種藤蔓類的植物，這種草環是由它極柔韌的枝蔓編織成的。在他跌倒的周圍有很多很多這樣的草環，行人稍不留意，就會被絆倒。待他坐起來，將目光往前一延伸，不由得大吃一驚，掩藏在繁花綠草間的，竟是一片可怕的沼澤。

轉到另一條安全的路上，他仍在慶幸剛才跌的那一跤，更慶幸自己沒有像第一次那樣，漫不經心地急於爬起來，而是細心地查清了讓自己跌倒的原因，還認真地打量了一下自己原本自信的道路。

事後，他又心有餘悸地聽說，那片隱蔽在草地深處的沼澤，不久前還吞噬了兩個粗心的過路人呢！

所以，當孩子跌倒的時候，先別急著讓孩子站起來，不妨讓孩子看看是什麼絆住了自己，只有找到摔倒的原因，才能不再重蹈覆轍，避免更大的傷害。

每個人在人生旅途中，都難免會遭遇到各式各樣的挫折和失敗，能夠不被挫折嚇倒，勇於從失敗中重新崛起，這固然可貴，但是善於冷靜地觀察、分析，總結失敗的原

因，真正弄清楚究竟是什麼東西讓自己摔跤，從而避免再摔跤或少摔跤，卻是更可貴的。因為成功不僅需要信心、激情和堅韌，還需要有個清醒的頭腦。

再看看孩子們自己的處理方式。

做法四：一起跌倒

有幾個孩子正玩得不亦樂乎，一個小男孩突然摔倒在地，並立即哇哇大哭起來。一個小女孩一看那跌倒的小男孩，愣了愣，接著，跑了過去，也假裝跌到了，而且就跌在那小男孩的身旁。她跌倒了，卻笑得咯咯響。那小男孩一看小姐姐在笑，也跟著笑了，擦乾淚水，又玩起來。

這幾種方式其實無所謂優劣之分。正像我們家長所認為的，孩子跌倒了，把他扶起來，傳統式的教育方法照樣出人才呀！

而且讓孩子自己站起來的做法也未必就是科學的。曾經就有一位家長以「孩子跌倒了，自己站起來」的模式教育兒子，她在執行這一模式的過程中，即便孩子從很高的溜滑梯上摔下來，她除了在言語上給予鼓勵之外，從不給他提供任何幫助，孩子也確實堅強了很多。但這位家長有一次在家中爬上高凳子取東西時，不慎摔了下來，疼得難以支撐。她要求站在身邊的兒子扶一下她，可是兒子只是冷冷地站在一邊看著她！在她的強烈要求下，孩子才勉強

地把媽媽扶起來，沒有說任何安慰的話。

這次意外的摔倒事件使這位家長震驚不小，由此引發了對「孩子跌到了，自己站起來」這一做法的反思。她覺得孩子在「自己站起來」的過程中，固然可以變得「堅強」，但同時也會變得冷漠和缺乏同情心。所以，一味地強調「孩子跌到了，自己站起來」的做法並不可取。在孩子需要安慰的時候，家長應該伸出關愛的雙手，扶孩子一把。所以，在孩子跌倒以後，家長應根據不同情境，針對不同孩子的不同情況，採取相應的措施。

這其中，最耐人尋味的是跟孩子一起跌倒的做法。那個小女孩當然不會考慮她行動的方式和意義，但她確實是以一個共同遭遇者的身份去感染小男孩的。小女孩的行動自然而然，且充滿靈性，沒有刻意雕琢，信手拈來，彷彿生命與生命之間本就該如此。身為成人的我們，在引導和教育孩子的時候，是否應該放下自己高高在上自以為是的身份，看看同樣的事件，孩子們會怎麼處理？也許從孩子的身上，我們可以找到教育與生命的本真！

一位美國兒童心理衛生專家說：「有十分幸福童年的人，常有不幸的成年」。很少遭受挫折的孩子，長大後會因不適應激烈競爭和複雜多變的社會，而深感痛苦。近年來，一種旨在提高孩子對挫折心理承受力的教育，已在發

達國家興起。這種教育的核心是培養孩子一種內在的自信和樂觀。

西方有一個頗為流行的觀點：幸福既是一種外在的狀態，也是一種內在的品質。幸福狀態易來易失，就像給孩子一件新玩具，孩子歡樂雀躍，但這種情緒很快就會消失；幸福的品質卻十分穩定，這是一種感覺良好和產生樂觀的素質。

西方教育和心理衛生專家幾乎公認，面對挫折的良好心態是從童年和青少年時期不斷受挫和解決艱難中學來的。這對父母和教師在培養孩子「幸福品質」方面起著重要的作用。

據西方學者研究，要培養出這種品質，父母應重視家庭中輕鬆的氛圍，父母在掌握大方向的前提下，盡可能給孩子更多的選擇，而不應事事以自己的喜惡去強求一致。儘管有時孩子的選擇是錯誤的，但他們可從中「悟」出點道理。

每一個父母都應清楚地認識到他們不可能一輩子呵護孩子，孩子最終要到社會上接受磨練，建立廣泛的人際關係，而這種關係是建立在子女與父母的人際關係以及父母與他人交往的基礎上的，熱情好客、待人誠懇寬容的父母對孩子有很好的影響。

在一些富裕國家，人們已深刻認識到物質條件的優渥，並不是與孩子的幸福感覺成正比。在適當的物質生活條件下，要教會孩子除了物質之外，如何在內心創造這種快活的情緒。西方教育專家認為，堆積物質的溺愛方式對孩子的成長極為不利。目前在西方流行一句話叫「幸福的人過著一種平衡的生活」。許多西方教育學家強調在「挫折教育」中應培養孩子從多方面獲得幸福的能力。只把幸福寄托在一種追求上，最終往往是痛苦的。有些孩子因父親不讓其玩電動玩具而整天悶悶不樂，而另一些孩子卻會很快地從另一種遊戲中找到快樂。興趣愛好廣泛和靈活調整目標對那些有「專長」的孩子尤其重要。

西方「挫折教育」的另一重要內容就是培養孩子面對挫折的恢復力，樂觀的孩子不是沒有痛苦，而是能很快從痛苦中解脫，重新振奮。父母和家長應認真培養孩子在「黑暗中看到光明」的自信心和技巧。

此外，西方專家一致認為，父母對生活的態度對孩子的認知影響最大。患得患失、斤斤計較、悲悲戚戚的父母常常有同樣特質的孩子。

西方教育界人士說，「挫折教育」就是使孩子不僅能從別人或外界的給予中得到幸福，而且能從內心深處激發出一種自找幸福的本能。這樣在任何挫折面前才能泰然處

之，永遠樂觀。

改變觀念

首先家長應排除對挫折的害怕心理，不要老是擔心孩子會不會出事，不要限制孩子在學校的活動量。要敢於讓孩子面對形形色色的挫折，並鼓勵孩子有意識地在挫折中磨練自己，珍惜自己每一個微小的進步，擁有自信心，提高其心理耐挫力。

讓孩子認識到挫折並不可怕

挫折具有兩面性，一方面可能使人失望、憂鬱、痛苦，另一方面，也可以使人聰明、堅強、成熟。問題是在於自己能否從挫折中學到點什麼。英國作家薩克雷有句名言：「生活是一面鏡子，你對它笑，它就對你笑，你對它哭，它也對你哭。」

教育孩子積極地對待挫折

告訴孩子遭受挫折時，不要盯著它不放。挫折已經發生，就應該冷靜、積極地面對它，分析它，解決，擺脫它。如果始終深陷其中，用苛求的眼光看待自己努力的結果，就會因挫折而懊惱、悔恨、沮喪、痛苦，那滋味猶如泥濘中的沼澤地，你越是想要很快從中脫身，它就會讓你越陷越深，以致磨掉前進的信心、勇氣和熱情。

結合各項活動

穿插挫折教育。「不經一事，不長一智」，人生不可能永遠是充滿歡樂的筵席，難免會碰上各種困難，甚至摔跤。定期讓孩子參與一些旅遊活動，野外生存與拓展訓練，開展自救訓練，設計模擬情境，提高孩子對困難的解決能力和生存發展能力。讓孩子走進一些教育基地、工廠、社區，走到田裡參與現場工作，植樹種草，讓他們真正體驗一下勞動的艱辛和快樂，培養吃苦耐勞的精神和克服困難的毅力。

發揮榜樣的力量，感染孩子

榜樣的力量是無窮的，在具體榜樣形象的感染下，孩子能加深對挫折的認識，激起內在的上進熱情，把挫折轉化為自我鍛鍊成長的自學行為。可用古今中外名人志士的百折不撓，英勇不屈的事蹟來感染孩子，孩子以這些英雄人物為榜樣，並以他們的事蹟作為衡量自己的尺度時，其挫折就會成為新的努力起點、新的成功的台階。

給父母的悄悄話：

父母應重視家庭中輕鬆的氛圍，父母在掌握大方向的前提下，盡可能給孩子更多的選擇，而不應事事以自己的喜惡去強求一致。儘管有時孩子的選擇是錯誤的，但他們可從中「悟」出點道理。

　　培養孩子面對挫折的恢復力，樂觀的孩子不是沒有痛苦，而是能很快從痛苦中解脫，重新振奮。父母和家長應認真培養孩子在「黑暗中看到光明」的自信心和技巧。

Build

a

future

for

your

kids

**請用 正確的態度
打造 孩子的未來**

不要把財富
留給孩子

——財商教育中的心理學

培養孩子的消費責任，使孩子從小就能在解決經濟問題的過程中訓練
理財的頭腦，喚醒他們的理財潛能，開啟他們的「財商」，這是家庭
教育必要的一課。

家長是孩子的第一任老師，責任在此，不得推卸！

不要把財富留給孩子，而要把孩子變成財富。

勞動 是最好的賺錢方式

　　勞動對青少年來說，是有百利而無一害的事。家長應該從小爲孩子創造勞動條件和環境，教育孩子以辛勤勞動爲榮，以好逸惡勞爲恥，讓孩子從小學會勞動，熱愛勞動。

　　有這樣一位母親，在女兒十歲生日時，沒有贈送女兒任何豐厚的禮物，而是讓她用自己的零用錢到報攤上買十份晚報，再以原價賣出去。

　　媽媽遠遠地觀察她，保護她。半個小時過去了，她抱著報紙走呀走，許多人與她擦肩而過，而她卻不敢開口。是啊！她要把報紙賣出去，必須先戰勝自我、戰勝膽怯、戰勝虛榮。這需要經過一番內心的掙扎，需要時間。

　　母親尾隨著那幼小的身影，又過了一會兒，孩子終於開口賣報，也成交了，她用意志和勇氣，獨立完成了媽媽要求她去執行的事。

　　隨後，母親把女兒帶到賣晚報的老爺爺面前，得知賣十份報紙只能賺三、四角錢。這個女孩不僅親身體驗到獲取勞動果實的艱辛，更懂得了父母賺錢的不易。她深深感謝父母苦心培養的這份愛

　　培養孩子愛勞動，是早期幼兒教育的重要組成部分，是孩子全面發展的一項重要課程。讓孩子從小就養成「自己能做的事情自己做」。這能增強他們動手做事，克服困難的能力和信心，有助於培養他們的獨立性格。

　　隨著孩子年齡的增長，可以培養他們為大家做事的主動精神，這樣可以促使孩子骨骼、肌肉、神經系統及各部分器官都得到訓練，同時也能培養孩子良好的社會公德。所以，要利用幼兒期，這個人類身心發展的重要階段，對他們進行早期勞動教育，讓他們在輕鬆愉快、不同種類的勞動中，獲得全面發展。

　　一項有關青少年勞動狀況的調查，應引起我們的反思。

　　這項調查顯示，青少年學生普遍認同應該養成熱愛勞動的品德，但卻有百分之七十五之的學生，從未做過家務勞動或很少做家務勞動。這說明青少年雖有明確的價值取向，但在行動上卻存在問題。

　　造成這種狀況的原因，除了學生課業負擔重外，更主要的就是很多家長對孩子過分嬌慣。一些家長對孩子百般呵護，樣樣為孩子代勞，小到幫孩子穿襪子、倒開水、剝蛋殼，大到替孩子到校內做大掃除等，以致這些孩子勞動觀念淡薄，好逸惡勞，過著飯來張口、茶來伸手的生活。

這樣的家長從表面上來看是疼愛孩子，實際上卻是剝奪了孩子勞動的權利，對他們的健康成長極為不利，令人堪憂。

德國文學家歌德說：「熱愛勞動是人最重要的美德。」事實證明，一個人有無勞動習慣，將會影響他的一生。

美國的「石油大王」約翰·戴維森·洛克菲勒，從小家教就很嚴，他靠給父親做「雇工」掙零用錢。

他清晨便到田裏工作，有時幫母親擠牛奶。他有一個記帳專用的小本子，他把自己的工作量化後，按每小時〇.三七美元的時薪記入帳簿，爾後再與父親結算。所以他做得很認真，對於生活中的這一切感到既神聖又趣味無窮。更有意思的是，洛克菲勒的第二代、第三代乃至第四代，都嚴格照此辦理，並定期接受檢查，否則，誰也別想得到一分錢的費用。

洛克菲勒這樣做並非家中一貧如洗，也不是父母有意苛待孩子，而是為了從小培養孩子，勤勞節儉的美德和艱苦自立的品格。那小帳本上記載的豈止是孩子賣力打工的流水帳，最重要的是孩子接受磨難和考驗的經歷！

其實，在不少經濟發達的國家，對待在校學習的孩子，要求也是非常「刻薄」的。在日本，許多學生利用課餘時間，在飯店洗碗，端盤子，在商店當售貨員或照顧老人、

做家教等方式，賺錢繳學費和零用。美國人在教育孩子上一貫採取自主自立的方式，七八歲的小孩就成了「小生意人」，出售他們的「商品」賺錢零用。美國的中學生都知道，「要花錢，就得自己掙。」每逢假期，他們就成了打工族，學習自食其力。

我們的孩子什麼時候養成了「飯來張口，茶來伸手」的習慣呢？我們的孩子對待像清潔工這樣的勞動者，為什麼就少了崇敬之情了呢？對於這個問題，孩子的成長環境和家庭的教育觀念，是非常關鍵的影響因素之一。

現在的孩子基本上都是獨生子女。從小在四位老人和父母的精心呵護之下，溫暖而甜蜜地長大，智力的發展在預先設定好的「生涯規劃」中，按部就班有條不紊地進行著，但是對於體力上的發展，似乎只能依靠一些營養品和奢侈的保健品了。殊不知我們的家庭教育中，正漸漸喪失了勞動教育。

如果孩子來幫爸爸媽媽洗碗，大多數的家長會很生氣地說：「別洗了，你只會越幫越忙！趕快寫作業去。」

如果孩子連自己的襪子和鞋子都不會洗，家長似乎也並不怎麼驚訝，他們覺得科技發展到今天，機器可以解放我們的手腳，也使得我們的基本生活技能，於無聲無息之中退化。

於是乎就出現了這樣的場景：孩子用洗衣機洗了一雙自己的襪子，然後跑到家長面前要求獎勵；有些家長和孩子在街上碰見清潔工人，家長不但不能用「平等」來詮釋「社會上只有分工不同，職業沒有高低貴賤之分」這句話，甚至會把他們當作教育孩子的「素材」——「如果不好好求學，以後就和他們一樣掃大街」；在學校，勞動對學生來說是一種不得不完成的任務和評比的籌碼，有些教師甚至會把勞動當作一種懲罰的方式——某些學生犯了錯之後，就會用打掃環境這種方式來「告誡」其他同學不要向他學習，不然會有這樣的「下場」。

久而久之，勞動在學生的心目中就意味著「不良」學生的行為，以後要盡量避免去勞動。綜上可見，不管是家庭教育還是學校教育，都缺乏對「勞動是一種光榮」這一美德的宣揚，並且還存在一些消極處理的錯誤認知。

針對於此，首先要糾正認知上和行動上的一些錯誤觀念，並且主動創造機會讓孩子在實戰中獲得訓練。但要扭轉孩子們的認知，似乎不是一件很容易的事情。

古人就曾經說過「勞心者治人，勞力者治於人」，傳統的文化中就認為體力勞動是低級的，也是低效的，所以要扭轉孩子的認知觀念，其關鍵是要先扭轉家長的認知觀念。

家長要適當的設計出透過勞動取得成功、從勞動中獲得成就感，而不是物質刺激和「鼓勵」的情景；注意從平時的小事做起，比如：讓孩子去超市買瓶醬油或者買些雞蛋等等。

透過這些，孩子不僅能從勞動中得到成就感，還能夠加深孩子對家庭的感情。

還要特別注意的是勞動要從小做起，要讓孩子們覺得勞動就像玩玩具和遊戲一樣有趣，可以在身體和大腦的配合中找到自己的樂趣。另外，幼年時期也是形成認知態度的關鍵時期，及早建立「勞動是一種光榮」的觀念，能更有效地指導以後的生活活動。

隨著課程改革的興起，教材中加入了越來越多的探究學習內容。讓孩子自己去動手，不僅是一種勞動，還能夠更深入的理解書本上的知識，可謂是「一舉兩得」！

培養孩子勞動的興趣

家長可以根據孩子好動、好模仿的特點，來培養孩子勞動的觀念。孩子常常喜歡幫爸爸媽媽做一些小事，當事情完成後，得到表揚，孩子會顯得異常興奮，所以家長應多加鼓勵，使孩子感到自己做得對，愉快地持續下去，由無意識的行為模仿變成有意識的自覺行為。

當孩子主動說我要自己吃飯、洗手、穿衣服……等等

時，便是家長進行愛勞動教育的好機會。

讓孩子量力而行

要根據孩子的年齡特點，為他們安排力所能及的勞動內容和時間。

比如：讓三四歲的孩子學會照料自己的生活，自己吃飯、刷牙、洗臉、穿脫衣服等；讓五六歲的孩子學做一些簡單的家務勞動，如：擦桌椅、掃地、洗手帕等；讓七八歲的孩子參加一些社會公益勞動，如：打掃環境衛生等等。孩子勞動的時間不宜過長，一般每次在二十分鐘以內。

教會孩子一些簡單的勞動知識和技能

孩子開始學習勞動時，家長必須言傳身教，一步步給孩子做示範，以後再逐步讓孩子自己做。並要注意安全、衛生，避免傷害事故的發生。

經常鼓勵和表揚

對孩子的勞動成果，家長應及時地表揚和鼓勵，還要鼓勵孩子不怕困難，敢於實踐，動腦筋想辦法，使勞動進行得又快又好。

孩子的勞動與成人不同，不應以他們為社會創造物質財富為目的，而是為了培養他們良好的行為習慣。

給父母的悄悄話：

　　家長一定要耐心鼓勵和幫助孩子獨立做這些事，切莫為圖省事而包辦代替，要讓孩子對勞動產生愉快的情緒體驗。

窮人的孩子 早當家

　　失業的父母，請昂起頭來，做生活的強者，同時，也教你的孩子昂起頭來，做生活的強者。

　　失業，已成為社會當前的一個熱門問題。隨著失業現象的發生、發展，社會上出現了一批失業職工的子女。有人做過推算，全國失業職工的子女年齡大都在六到十八歲之間。

　　父母雙方有一人失業或兩人同時失業，無疑會對平靜的家庭生活投下縷縷沉重的色彩，當然也會直接衝擊孩子的心靈，衝擊家庭教育。

　　在現實生活中，失業職工的家庭教育存在著如下現象：

　　一是一些家長在失業之後，對自己的現況無法平靜的面對，在精神上出現鬱鬱寡歡或怨天尤人的狀況，也因此而放鬆了對孩子的教育；更有甚者，一些人在失業之後，因重新就業屢次遭受挫折，就拿家裡的其他成員甚至孩子出氣，一些家庭甚至因此而出現危機，孩子的心靈也受到嚴重的衝擊。

　　二是父母失業後，帶給孩子的立即是生活上、物質上

的壓力，面對孩子的學費、午餐費、班費等等的費用，一些家庭尚能支付，但孩子在同學、朋友間便顯得「寒酸」，貧富對比分明。

不少失業職工的子女，也因此產生了自卑、過度敏感以及不合群的心態和行為，甚至有些孩子竟對失業的父母親說：「你們真沒本事，因為你們的失業，害我得受苦！」

三是一些失業職工，忙於重新回到職場，到處奔波尋找工作機會和出路或參加技能培訓，而無暇顧及孩子的教育。

失業職工的子女教育問題，已經引起了學校和社會的重視。那麼，失業的父母該如何教育子女呢？

一、父母要更新觀念，克服「失業丟臉」的思想和消極情緒，以自身的實際行動教育孩子勇於面對競爭、耐受挫折，自強自立。面對失業，家長不必喪氣，只要走出去，外面便是一片明媚的藍天。

姿好原先在一家頗具規模的工廠工作，每月的薪資約三萬元左右。突然有一天，廠長找她談話。她失業了。起初，面對周圍的輿論和孩子困惑的目光，她不敢承認這個事實。但很快的，她就振作起來，她掂量自己，考察市場，一個多月跑下來，她的人更是「苗條」了不少，但她的餐館也開業了。雖然現在所付出的時間和體力，比在工廠工

作時辛苦多了，但回報她的是一個月十萬多元的收入。

最近我這位朋友告訴我，她的另外一家連鎖餐館又將開張，電話中她對我說，她非常感謝我和幾位朋友的幫助，更感謝失業，是失業給了她「拼出屬於自己的世界」的勇氣和機會。我想，姿好艱辛奮鬥的歷程也給孩子上了無聲的一課：只有強者才能立於不敗之地，失業的媽媽也能成為強者！

二、有些家長在失業之後，一時找不到合適的工作，家庭經濟比較拮据。在這種情況下，家長可以和孩子共同進行家庭開銷的預算和管理，家長不必為此而感到慚愧，鼓勵孩子和父母一起省吃儉用，共同渡過難關。「梅花香自苦寒來」，「窮人的孩子早當家」，只要家長引導得當，失業其實是對孩子進行耐受挫折教育，艱苦奮鬥、勤儉持家教育的良好時機。

要激勵孩子不和同學比吃穿，比玩樂，而要比品德，比能耐。我周圍的一些失業父母告訴我：自己失業了，孩子反而變得更懂事了。

另外，有的父母失業後，必須經過培訓，「充電」之後再上職場。此時家長在努力學習的同時，也要給孩子樹立榜樣，告誡孩子知識經濟時代已經來臨，沒有廣泛的知識基礎，沒有紮實的專業技能技巧，沒有對抗壓力的能力，

必然會被時代所淘汰，要教育孩子從小樹立雄心壯志，刻苦學習，奮發圖強。

同時，一些家長要勇於克服怕在孩子面前「沒面子」的心理。在學習的過程中，積極地向孩子請教、學習。比如：讓上國中、高中的孩子做自己的家庭教師，輔導教育程度不高的家長學習外語，學習電腦，學習數理化。現在的社會已進入資訊化社會，小孩子在某些方面，都比家長能幹、懂得多，這是非常普遍的，家長要勇於向孩子學習。這樣對孩子的學業也會有很大的促進作用，同時，也增強了孩子對家庭的責任感。

麗麗的母親失業後不久，便找到一份新的工作，其「本事」乃是上高中對電腦頗具天賦的女兒教她的。女兒自從看到母親周圍的叔叔阿姨紛紛失業，而學歷不高的母親勢必在所難免，她便先未雨綢繆，在母親還沒失業之前就催著母親學習電腦的操作，在麗麗的「耐心施教」下，母親的電腦操作能力進步很快。果然，時隔半年，母親失業了，麗麗告訴母親不必緊張，憑她的電腦操作能力，重新回到職場是易如反掌。這下，麗麗的母親直誇麗麗有遠見，每天下班回來，都要和女兒共同「玩」電腦一小時，交流學習心得。

失業的父母，請昂起頭來，做生活的強者，同時，也

教你的孩子昂起頭來，做生活的強者。

從青春期孩子的自身發展規律來看，正是從幼稚走向成熟的時期，其生理的變化給心理的發展帶來微妙的影響，這個時期，他們的情緒較不穩定，總是處於一種起伏跌宕的狀態之中，極易產生心理矛盾和心理衝突，是健康人格的逐步形成時期。貧困的學生由於經濟上，學業上、心理上的壓力，影響著他們的身心發展。

經濟上的貧困，不僅使貧困的學生生活清苦，而且較之其他同學，他們有著更多的心理負荷和思想包袱。

一、自我認知上的偏差

隨著自我意識的增強，青少年對瞭解自我並實現自我的要求與日俱增，而現實使他們不斷地關注自我。當他們發現自己在經濟能力、藝術修養等方面與其他同學存在著遙遠的差距，與心中的理想狀態有著天壤之別時，他們會從而否定自己，讓自己處於懷疑、搖擺不定的狀態，因而在行為上表現出忍讓、內斂，他們可能會重新界定自我，但卻是以消極否定為基調的。

他們對自我的認知是靠「狹隘比較」，常高估別人的優勢，誇大自己的劣勢，過分謙讓、委屈自己，甚至無視於自己的價值與意義，無法真正地看待自我，導致自我的喪失。

二、焦慮敏感的心態

出於自我保護的意識，貧困學生的內心尤為敏感。對涉及到與自己相關的事情，總會引起強烈的情感反應，內心設防很多。貧困學生過於敏感的情緒反應，常給自己增加了許多不必要的煩惱，更使其變得脆弱而易受挫折。這種情緒反應對他們學業的完成，素質的提高會造成一定的負面影響。

三、情緒情感上的自卑心理

差距容易使他們產生自卑，自卑是一種因過多的自我否定，而產生自慚形穢的情緒體驗。根據調查得出，來自清寒家庭，學習成績一般，缺乏專長，父母身體又不健康的清寒學生，更容易產生自卑感。有些貧困學生因為自卑而變得過度自尊。他們認為貧困是很丟臉的事情，不願讓別人知道自己貧困，有時甚至要強撐面子。

四、交往上的挫折心理

生活不寬裕的他們，與人交往常處於被動的地位，沒有家世背景的他們對別人處處忍讓、謹小慎微。被動消極的生活態度使他們不斷的遭遇挫折，較差的人際關係使他們陷入了苦悶、焦慮與孤獨之中，有時還會形成孤芳自賞的心態，成了貧困的「小刺蝟」甚至迷失了方向。

五、妒嫉心態

　　貧困學生的妒嫉心態主要是針對同班、同年級乃至同校的家庭富裕的同學，引發妒嫉的情況通常有三種：

　　其一、是因不服氣而生妒嫉。貧困學生自認為無論學習，還是智力、能力等自身條件並不比富裕同學差，甚至優於他們，自己僅僅是因為出生在貧困的家庭便低人一等，因此心理極不平衡，感到不服氣。

　　其二、是因羨慕而生妒嫉。面對琳琅滿目的商品，色香味美的佳餚等物質誘惑，富裕同學的毫不猶豫、出手大方、心安理得地享受，在貧困學生看來是很奢侈的生活，這使得貧困學生既羨慕又妒嫉。

　　其三、是因不滿而生妒嫉。主要是富裕同學表現出來的優越感和傲慢，刺激了貧困學生，使其心生不滿，乃至於憎恨。妒嫉是從憎恨的情感中分化、產生出來的，而且是帶有攻擊性的心理，甚至還會誘發出其他不健康的心理，但如果能夠恰當的引導，進行自我調節，便可以向積極的方向轉化。

坦白你的貧困

　　家長應早一些坦誠的告知孩子家裡的經濟狀況，讓孩子對家裡的經濟狀況有所瞭解，早做思想上、心理上的準備。教育孩子並使他們懂得，在這個世界上存在著一定的貧富差距是正常的。

對於我們來說，可以選擇自己的未來，但惟獨無法選擇的自己的出身。而不論是出身於什麼樣家庭的孩子，我們又都應該懂得一點，那就是理解和尊重自己的父母——包括接受家庭的經濟狀況、父母所從事的職業等，這些我們無法改變的事實，懂得父母是愛我們的，並且為我們的成長犧牲了許多許多。

擺正自己的心態

貧困家庭的父母尤其要擺正心態，千萬不能對孩子有過分的物質補償心理，不能對孩子的學習提出過高的要求，否則會造成孩子的自私不領情，或者心理壓力過大。要正確地引導孩子，讓孩子有吃苦和在困境中生存的韌性，用正確的觀念培養孩子的自信心和進取心。

讓孩子善於接受現實、悅納自我

讓孩子知道：現實生活中的差距無處不在，這是客觀的事實，也是必須接受的事實。悅納自我、坦然接受自己的優缺點，是心理健康的重要指標。讓孩子列出自身的優點，即便是微小的部分也不可放過，並指出哪些優點是別人所沒有的。

在孩子認識自我的過程中，不要讓他輕易給自己貼上「我不能……」的標籤。如果讓孩子給自己貼標籤，當孩子經歷一些事情的打擊之後，就可能採取避免正面交往，

或選擇逃避，並且還可能用它來做幌子推卸責任。其實，任何事情都是在不斷變化的，家長要引導孩子在危機中看到轉機，在困難中看到希望，在惡劣的環境中找到良性的資源。

給父母的悄悄話：

現在的社會已進入資訊化社會，小孩子在某些方面，都比家長能幹、懂得多，這是非常普遍的，家長要勇於向孩子學習。這樣對孩子的學業也會有很大的促進作用，同時，也增強了孩子對家庭的責任感。

父輩的成功 與孩子無關

讓孩子出自己的力、流自己的汗、吃自己的飯才是英雄好漢。

美國人讚賞奮鬥精神，教育孩子要透過自己的努力得到想要的東西，即使家庭經濟條件優渥也不能一味的依賴別人。

美國參議院多數黨領袖弗雷斯特的妻子，在她出版的新書《愛你，爸爸》中，邀請很多成功的美國女性講述父親教育她們的經歷。其中約翰遜總統的女兒寫道，在約翰遜當參議員時，作為女童子軍一員的她必須像其他小朋友一樣，賣掉一定數量的餅乾為童子軍集資。沒有父親的特權照顧，她只好自己拿著餅乾，挨家挨戶的推銷。

李嘉誠對兩個兒子的培養教育做的很好。他要求兒子在生活上應克勤克儉，不求奢華；事業上注重名譽，信守諾言。他特別教導兒子要多考慮對方的利益，不要占任何人的便宜，要努力工作。

當李澤鉅和李澤楷到八、九歲時，李嘉誠召開董事會，就讓兒子坐在專門設置的小椅子上列席會議。一開始兄弟

倆覺得很新奇好玩，瞪大眼睛，認真聽父親和每位董事討
論工作，有時大家爭得面紅耳赤，吹鬍子瞪眼睛，兄弟倆
卻因此而嚇得哇哇直哭，這時李嘉誠說：「孩子別怕，我
們爭吵是為了工作，這是正常現象，木不鑽不透，理不辯
不明嘛！」

有一次李嘉誠主持董事會，討論公司應拿多少股份的
問題，他說：「我們公司拿百分之十的股份是公正的，拿
百分之十一也可以，但是我主張只拿百分之九的股份。」

董事們有的贊成，有的反對，大家為此爭論不休。這
時李澤鉅站在椅子上說：「爸爸，我反對您的意見，我認
為應拿百分之十一的股份，因為這樣能多賺一些錢啊！」

弟弟李澤楷也著說：「對！只有傻瓜才會拿百分之九
的股份呢！」

「哈哈，」父親和同事們忍不住笑了出來，他說：「孩
子，這經商之道，其中的學問深著呢！絕不是百分之十一
那麼簡單的幾個數字，今天你想拿百分之十一發大財反而
發不了，但若你只拿百分之九，財源就會滾滾而來。」

事實證明李嘉誠的決策是英明的。公司雖然只拿了百
分之九的股份，但生意卻更加的興隆。

後來李澤鉅和李澤楷在美國斯坦福大學，以優異的成
績畢業了，想在父親的公司施展才華，闖出一番事業。

李嘉誠沉思了片刻說：「我的公司不需要你們！」

兄弟倆都愣住了，說：「爸爸，別開玩笑了，您有那麼多的公司難道不能給我們安排一個工作？」

李嘉誠說：「別說我只有兩個兒子，就是有二十個兒子也能安排工作。但是，我想還是先讓你們自己去打江山，讓事實來證明你們是否適合到我公司來任職。」

兄弟倆這才恍然大悟，原來父親是想讓他們先到社會上去接受歷練，去見見世面。

兄弟倆到了加拿大，李澤鉅開設了房地產開發公司，李澤楷成了多倫多投資銀行最年輕的合夥人。李嘉誠在香港常常打電話問兄弟倆有什麼困難，他可以幫助解決。

兄弟倆總是說：「謝謝爸爸的關心。困難是有的，但我們自己可以解決。」

其實，李嘉誠只不過是隨口問問，並不是真的想幫他們解決什麼困難。當然兄弟倆對父親的為人最清楚了，你真的求他幫忙解決困難，他也不見得肯幫忙。父親有時「冷酷」到不近人情，但兄弟倆總能理解他的良苦用心……

兄弟倆在加拿大克服了許多難以想像的困難，把公司和銀行辦的有聲有色，成了加拿大的商界中出類拔萃的人物……

兩年後，李嘉誠把兄弟倆召回香港，滿面春風地說：

「你們做得很好，可以到我公司任職了。」並面授他們一些經驗，說：「注重自己的名聲，努力工作，與人為善，遵守諾言，這些將有助於你們的事業發展。」

李嘉誠欣慰地看到兩個兒子的迅速成長和出色的業績，它終於可以心安理得地宣佈退休了。

每當人們稱讚兄弟倆時，李澤鉅都說：「感謝父親從小對我們的培養教育，它是最好的商業教師，尤其是在傳授「不賺錢」這個觀點上。我從父親身上學到了最重要的一點是，怎樣做一個正直的商人。」

近二三十年來的經濟發展，台灣出現了越來越多的富人。這些富人的出身各有差異，致富經歷也各有不同，但很多富人對自己後代的安排卻非常相似，為其買房子、買車子、安排好工作，總之，讓孩子衣食無憂，父母才會安心。

羅斯福十分注重培養孩子們的獨立人格。

他有句名言：「在兒子面前，我不是總統只是父親。」

他反對孩子們依靠父母，過著寄生般的生活。他讓孩子們憑自己的本事自食其力。大兒子詹姆斯二十歲去歐洲旅行，臨行前買了一匹好馬，然後打電報向父親求援。

父親回電話說：「你和你的馬游泳回來吧！」

兒子只好賣掉了馬，作為路費回家。「二戰」開打後，

羅斯福的四個兒子都上了前線。父親病故了，他們仍堅守在自己各自的軍艦上，用這種特殊的方式為父親送行。

日本思想家福澤渝吉說：「教育就是授人獨立自主之道，並開拓躬行實踐之法。」

又如陶行知所說：讓孩子出自己的力、流自己的汗、吃自己的飯才是英雄好漢。

然而，有許多的家長都心太軟，對孩子的一切進行「全方位」「系列化」服務，孩子回到家總是飯來張口，茶來伸手，家長白天接送，晚上陪讀，直至填寫志願，在家長細心呵護長大下的這一代，如同溫室中的花朵，患了「軟骨症」，見不了世面，經不起風雨，結果獨生子女難獨立，這種現象著實令人擔憂。因此，如何培養孩子的獨立人格，應成為家長重要的必修課程。

獨立的人格必須從小培養，在培養的過程中要注意：

培養獨立性，要從孩子的生活常規教育開始

也就是對孩子進行生活習慣和獨立生活能力的培養和教育。常規教育應包括：良好的生活衛生習慣、禮儀習慣和行為兩個方面。

其中生活習慣指的是：洗手、洗臉、洗腳、洗澡、擦鼻涕、吃飯、睡覺以及不隨地大小便；不在牆壁上亂塗亂畫；不隨地吐痰、保持室內清潔衛生等。禮儀習慣和行為指的

是：尊敬長輩、愛護同伴，愛護公物，使用禮貌語言等。

培養獨立性，需要為孩子創造教育環境

環境對教育幼兒起著潛移默化的作用。要培養孩子的獨立性，就要有孩子可以自由、獨立活動的環境。比如：幼兒的東西應放在他自己可以拿到的地方，玩完玩具有收放玩具的盒子，還有可以供他畫、剪、釘、編的紙、筆、剪刀、針、線等。

在家裡應設有一小塊可以讓孩子遊戲的天地，也應該有在得到大人允許後，到室外去遊戲的場地。當然，家裡還要準備一些孩子的玩具，供孩子選擇和玩耍。

培養獨立性，需要給孩子自由

做家長的不要給孩子制訂各式各樣的清規戒律，要按照著名的教育家陶行知先生所提出的，對兒童必須實行六大解放，即解放兒童的頭腦。

使他們能想：解放兒童的手，使他們能做；解放兒童的眼睛，使他們能看；解放兒童的嘴巴，使他們能談，有提問的自由；解放兒童的空間，使他們到大自然、大社會去擴大眼界，取得豐富的學問；解放兒童的時間，使他們有一些空閒的時間，做一點他們想做的事。

給父母的悄悄話：

培養獨立性需要給孩子自由。做家長的不要給孩子制訂各式各樣的清規戒律，應解放孩子。對孩子提出的意見要循循善誘，切忌扼殺。

培養 理財能手

　　培養孩子的消費責任，使孩子從小就能在解決經濟問題的過程中，訓練理財的頭腦，喚醒他們的理財潛能，開啓他們的「財商」，這是家庭教育中必要的一課。

　　星期日，俊俊的爸媽決定帶俊俊到動物園玩。

　　出發前，俊俊聽見媽媽對爸爸說：「多帶一些錢！」

　　爸爸說：「參觀市立動物園，花不了多少錢的。」

　　俊俊急忙說：「爸，只要帶一萬元就可以了，買門票，到飯店吃飯，吃完再去逛百貨公司，買我喜歡的超人。」

　　俊俊的爸爸聽了爲難地說：「爸爸一個月的收入才三萬元左右，你一天就要花掉我將近半個月的薪資，剩下一萬多元怎麼支撐家裡的開銷啊？」

　　培養孩子的消費責任，使孩子從小就能在解決經濟問題的過程中，訓練理財的頭腦，喚醒他們的理財潛能，開啓他們的「財商」，這是家庭教育必要的一課。

　　消費學習既是知識方法的學習，也是觀念和行爲習慣的學習。透過消費學習可以讓青少年學會合理安排個人開支，瞭解和學會計劃家庭開支，養成良好的消費習慣。而

且在市場經濟的條下，投資理財是人生的重要課題之一。

現代社會商品資訊多、變化快，處在生長發展中的青少年分辨力不夠，自制力又弱，容易養成不良習慣。而且青少年中的高消費現象，扭曲了孩子間的人際關係，加重了家長的經濟負擔，不利於孩子們的健康成長，所以家長必須引導孩子進行正確的消費觀念。

首先，應該讓孩子瞭解家庭的收入和開銷。

一部分家長，特別是獨生子女的家長，常常在家庭經濟緊張的情況下，仍不斷地滿足孩子的各種消費需求，造成家庭經濟更加的緊張。讓孩子瞭解家庭的收支情況，理解家長在開銷上的節省和限制，可以樹立孩子良好的理財觀念。讓孩子瞭解家庭的收入和支出，有助於孩子克服攀比心理和亂花錢的問題，樹立「適度消費」的觀念。

要讓孩子認識到自己還沒有真正透過勞動為社會、為家庭創造財富，衣食住行和接受教育要靠父母負擔，所以沒有理由在生活消費上提出過高的要求。父母也要有正確的消費觀念和消費行為，引導青少年不攀比，不追求名牌。對於孩子的不適當要求，家長要敢於說「不」。

其次，培養孩子節儉的美德。

讓孩子明白「別人有的，我也可以沒有」，「人窮未必志短，有錢未必有志」。允許孩子在一定條件下自己計

劃花錢。一味的限制不是解決孩子亂花錢的好辦法，對於
國中以上的孩子，家長可以考慮在家庭經濟允許的範圍內，
由孩子掌控自己的日常開銷，這有助於幫助孩子學會計劃
花錢。

在孩子自主消費的過程中，家長可以給孩子提出建議：
量入為出，避免攀比；學會計劃，適當存款；比較價格，
理性購物；明智選擇，自我保護。

再次，不要讓孩子受廣告的誘惑。

在生活中，經常會有誇大的廣告，如果你發現了，就
要直接告訴孩子，廣告上所宣傳的不一定都是真實的，不
要被廣告上的宣傳所迷惑。即使廣告本身沒有問題，也要
根據自己的實際需要來進行採購，否則會造成不必要的浪
費。

最後，還要引導孩子用自己的力量來幫助別人。

有一些孩子喜歡用父母的勞動所得，大方地「獻愛
心」、「幫助別人」，這是不值得提倡的。應當教育孩子：
靠自己的力量幫助別人才有意義。讓孩子知道幫助別人的
方式有很多種，可以是物質的，也可以是精神的，在自己
還沒有創造財富之前，可以選擇別的方式。讓孩子理解，
「施捨不是幫助」。

那麼，如何培養孩子的消費責任呢？家長不妨試試以

下做法：

在錢的獲得上——教孩子學會透過正當方式獲得收入

適當對孩子的家務勞動（擦桌椅、倒垃圾等）和學習成績進行獎勵，讓他有賺錢的機會，但要注意不要每次都以金錢作為交易。家長要與孩子共同制訂詳細的獎罰措施，比如，每天對孩子早睡早起、主動學習等方面進行評價，表現好的打鉤，一天有四個鉤就能得到一個十元硬幣，如果孩子有突出表現，可以獎勵面額更大、數量更多的硬幣。

在錢的管理上——培養孩子的儲蓄觀念，教會孩子簡單的儲蓄方法

例如，孩子很想吃炸雞，如果買一份炸雞需要一百元的話，家長可以告訴他：「今天只能給你二十元，明天再給你二十元，等你湊足一百元時再去買吧！」這樣做可以激發孩子的儲蓄觀念，使孩子學會「把今天的錢存起來，等到明天再用」的簡單儲蓄方法。當然，教孩子分別用撲滿和銀行存摺，把平時的零用錢及逢年過節得到的「紅包」存下來，也是讓孩子學會儲蓄的辦法，但要注意根據孩子年齡、個性的不同，對錢的管理仍須加強監控。

在錢的開支上——培養孩子節約和計劃用錢的習慣

在日常生活中，家長可以跟孩子講講自己和其他行業的工作，讓孩子明白賺錢要付出辛勤勞動的道理，自覺的

養成節約用錢的習慣。

除了供給孩子最基本的生活必需品外，有些消費可以讓孩子用自己的儲蓄去開支。例如，孩子要買玩具或出去遊玩，家長可以指導他使用自己的積蓄。這樣，不僅可讓孩子認識到儲蓄的意義，使他體會到用自己的存款來達到目的的快樂，同時還可培養孩子節約和計劃用錢的能力。

給父母的悄悄話：

父母要有正確的消費觀念和消費行為，引導青少年不攀比，不追求名牌。對於孩子的不適當要求，家長要敢於說「不」。

玩遊戲也要 節約子彈

　　家長一定要告訴孩子，父母因為愛他們，所以讓他們認識錢，讓他們知道錢的來之不易，讓他們學會節約和積攢，讓他們知道錢能帶來物質上的享受，更能用來幫助別人，但是為自己帶來精神上的滿足，才是最重要的。

　　瑪麗，是個寡婦，一個人帶著兒子約翰生活。

　　一天，我到瑪麗家繳房租時，看到約翰正專注的坐在電腦前玩射擊遊戲。瑪麗對此好像也不反對，一邊和我聊天，一邊關注著「前線」的戰況，並及時為約翰頒發口頭嘉獎令。

　　在媽媽的鼓勵下，小傢夥越戰越勇，捷報頻傳：報告媽媽，我又過了一關！報告媽媽，我換裝備了！

　　就在這時，瑪麗突然對兒子叫道：「約翰將軍，請馬上停止戰鬥！」約翰馬上按下暫停鍵，將遊戲定格，轉過頭來一臉迷茫地望著媽媽。

　　當時我也十分的不解，只見瑪麗臉上毫無笑容並嚴肅地說：「剛才那架飛機，明明一枚導彈就能將敵軍擊落，你為什麼要用三枚導彈呢？你知道一枚導彈的價格是多少

嗎？至少要三百萬馬克？你知道現在世界上還有多少人餓著肚子等待救濟嗎？你……」

約翰的臉漲得通紅，淚水在眼眶裡直打轉，眼看就要大哭起來，可是媽媽絲毫沒有妥協的意思。我連忙緩頰說這只是個遊戲而已，不必那麼認真。

「即使是玩遊戲也要節約子彈。」瑪麗根本不買我的帳，一直到約翰低頭認錯，並且寫下保證以後不再浪費子彈時才善罷甘休。

而下面這個故事和開頭的故事恰恰相反：

有個富家子弟愛吃餃子，但吃完餡後，就把皮丟到水溝裡去。但，好景不長，父母因故去世後，他只能流落街頭，靠鄰居家每餐一碗的麵糊為生。他發誓三年後若金榜題名，他一定要感謝鄰居大嫂。

大嫂對他講：「不要感謝我。我沒有給你什麼，這些都是我當年收集你丟的餃子皮尖，曬乾後裝了好幾個麻袋，本來是想備不時之需用的。正好你有需要，就又還給你了。」

當前，人們對物質慾望的追求越來越高，家長對下一代更是疼愛有加，關懷備至。往往在滿足孩子物質需求的時候，忽視了勤儉節約精神的培養。有些孩子的爺爺、奶奶、爸爸、媽媽過於溺愛、遷就孩子，孩子要什麼就滿足

什麼，孩子「衣著要名牌，飲食要精緻，娛樂要刺激」，家長就不顧一切地滿足這些「小皇帝」的要求。

據調查，有些學生光是一個月的零用錢就多達五千多元，一次春季旅遊要花上幾千元，有些家長爲孩子舉辦生日宴會，少則幾千元，多則幾萬元。而孩子浪費的行爲也十分嚴重，有些孩子自己吃不完的包子、油條、麵包、飯菜，到處亂扔亂倒……這種現象不能不引起家長的高度重視。因此，加強對孩子的勤儉節約教育，培養孩子儉樸的作風是十分重要的。

現在的孩子是在蜜罐裡長大的，不知道什麼是苦，容易脫離現實條件講究吃穿、比闊氣。如果孩子只知享受，不知節約的意義，養成了揮霍的花錢習慣，不僅會使家長難以負擔，而且容易受奢侈生活方式的侵蝕，甚至走上犯罪的道路。家長一定要告訴孩子，父母因爲愛他們，所以讓他們認識錢，讓他們知道錢的來之不易，讓他們學會節約和積攢，讓他們知道錢能帶來物質上的享受，更能用來幫助別人，但是爲自己帶來精神上的滿足，才是最重要的。

給孩子零用錢，讓他們在購買想要的東西時，學會等待和計劃。

如果孩子想去聽搖滾音樂會，而所存的錢還不夠時，家長不應「救濟」孩子。

幫助孩子認識必需、需要和想要之間的區別。

對孩子解釋從儲蓄中賺取利息的概念。

給孩子零用錢時，錢的面額要有利於鼓勵儲蓄。

比如：給孩子五十塊錢，可以拿五個十塊的，這樣就可以鼓勵孩子至少存十到二十塊錢。

教會孩子對賺的錢、存的錢和花掉的錢都作記錄。

透過示範，教會孩子在購買東西時，要精打細算。

幫助孩子學會對廣告進行評價。

真的是價格較低嗎？別的地方能以更低的價格買到同樣的東西嗎？

提醒孩子注意借貸和付利息的危害。

給父母的悄悄話：

告訴孩子一些驚人的數字：假如我國有二千三百萬人口，如果每人都省下一塊錢，就可以省下二千三百萬元。這些錢，可以讓貧困地區的孩子得到就學的機會。每人每天節約一兩稻米，全國人口節約的稻米量，就可供一個小國家的人口吃上一個星期。

走過、路過
也要錯過

——情緒管控中的心理學

既然我們能尊重孩子生命的自然，為什麼不能尊重孩子的感情呢？

情感本身就是孩子生命中的一部分，是孩子成長中自然流動的一種生命氣息和情緒。

青春期，人生旅途中一個非常特殊的時期，是幼稚與成熟同在，煩惱與希望並存。

青春期是直接關係和影響一個人一生榮辱與成敗的關鍵時期。

誰說「少年不知愁滋味？」人生少年時，就是會面臨許多煩惱，充滿迷惘，感到困惑，甚至手足無措，這是每個人成長都要經歷的。

叛逆 是種成長宣言

　　小燕的媽媽常常為孩子的教育問題感到頭疼。她跟老師訴苦說：「我和她爸爸都是六〇年代出生的人。我們根本不明白現在的小孩在想什麼，我和她爸爸雖然都是知識分子，但是在和孩子溝通與對她的教育上，實在太失敗了。」

　　小燕媽媽的話語裡有著太多的無奈。

　　「我們都是從那個困苦的年代過來的，如今生活好了，把大部分時間都傾注在孩子身上，但是這些不但得不到女兒的認可，而且她還經常和我唱反調，我覺得這孩子真讓人傷心。」

　　小燕的媽媽一提起自己的女兒眼眶就不自主的泛紅。

　　但是，和小燕交談的時候，老師發現這個小孩很有自己的一套想法。

　　「我媽就只會對別人講，她有多辛苦，我是多不瞭解她，可是她瞭解我嗎？偷看我寫的日記，不讓我接男同學的電話，同學過生日，她又死不肯讓我去，整天嘮叨我的不是，什麼都得聽她的，憑什麼呢？我長大了，才不想被

她牽著鼻子走呢！和家長有什麼好溝通的，結果還不是一樣？他們要的只是一個聽話的木偶。」

小燕把這些話一連串地說了出來。

其實，在我們的周遭，小燕和她媽媽的困擾很常見。一些正值青春期的孩子，反抗性極強，他們活潑好動，常亂發脾氣，與大人唱反調，這是因為孩子的自我意識開始樹立，做事喜歡按自己的方式去做，如果大人稍加約束，就會產生反抗心理。

因為處於青春期的孩子視野較開闊，自主意識也更強了，不再像以往的孩子那樣時時處處聽從家長的命令。他們已經有了自己評判事物的標準和看待問題的特有角度。這些特有的標準和角度在他們同儕之間心領神會，但在家長們的眼裡卻是混沌一片、不知做何解釋。一些家長渴望明白個究竟，隨時隨地都想監控自己的孩子，而孩子隨時隨地又想擺脫家長的監控。

在監控與反監控的較量中，世代沿襲的家長權威和地位正經受著前所未有的質疑和挑戰。孩子們對於家長一言九鼎的管教方式產生了強烈的叛逆心理，覺得自己幹嘛非得聽你的。

而叛逆心理就是指人們彼此之間為了維護自尊，而對對方的要求採取相反的態度和言行的一種心理狀態。

孩子到十二三歲的時候，往往容易產生一種與家長相牴觸的情緒。他們心裡有話寧願跟同伴說，也不願跟父母親說。對於父母親的好意提醒、勸導，他們動不動就反駁、對立，讓一心愛他們的父母驚詫、心痛不已。孩子的這種叛逆心理絕不止是個別的偶然衝動，而是一種值得現代家長普遍關注的問題。

孩子有了叛逆心理，經常是你要我這樣，我偏不這樣，反而要那樣。這種情形讓家長很火大，家長越火大就越想教訓他們，但家長的訓斥起不了什麼規勸作用，反而更增加了他們的反感情緒。此時家長若不能正確理解、諒解孩子的叛逆心理，孩子很容易就會走上逃學、離家出走，甚至犯罪的道路。家長對此可千萬不能放任不管。

孩子之所以會產生叛逆心理，有著內外兩方面的原因。一是因為十來歲的孩子正處於人生的過渡期。這時，他們的獨立意識和自我意識日益增強，希望擺脫成人的監護和束縛，反對成人再把他們當小孩看。

為了表現自己非凡的思維和能耐，他們喜歡對任何事情都採取批判、否定的態度。然而事與願違，當他們發現外界始終無視他們的獨立存在，對他們的自我表現一概否定或根本不感興趣時，他們又會採取更尖銳更極端的方式來證明自己的與眾不同，這是孩子叛逆心理產生的內在原

因。

　　二是因為家庭、學校的因素。比如老師、家長的教育方法不當，沒有順應他們的生理心理發展的需求，對他們提出了不切實際的要求，使他們身心疲憊、不堪重負，於是就產生了強烈的對立情緒，故意跟老師、家長對立，這是孩子叛逆心理產生的外在原因。

　　其實，所謂的叛逆心理並不是一種異常現象，它是由於長輩和晚輩之間價值觀的不一致而產生的正常心理過程。一般來說孩子在發育的過程中會有兩個叛逆期。

　　第一個反抗期是在三四歲的時候，這個時候由於兒童的自我意識開始發展，如說話、運動、認識事物能力的迅速發展，他會感到有些事情可以自己做，所以跟母親親的教育觀點就會產生衝突。

　　第二個反抗期是在青春期，從心理發育的角度來說，這些都是孩子正常的心理發展，但對母親來說，會覺得孩子是在對抗自己。

　　許多母親都覺得自己的孩子有叛逆心理，對其身心健康不利，但叛逆心理並非一無是處，它雖有妨礙孩子身心發展的一面，但也有很多正面效應，甚至是包含許多積極的心理特質。叛逆心理包含諸如自我意識強、勇敢、好勝心強、有衝勁、能求異、能創新等積極的心理特質。

現代社會充滿競爭，迫切需要具有創造性思維，眼界開拓、能進取的人才。因此，爲人母親者要善於發現叛逆心理中的創造性特質和開拓意識，並合理引導。只要引導得當，叛逆心理就能夠在對孩子的教育中發揮積極的作用。

叛逆心理在某種程度上能防止一些不良品德的形成。叛逆心理強的孩子在不順心、煩悶、壓抑、不滿意的時候，敢於表達，能使不愉快的心情和不利於身心健康的負面情緒，不至於長期滯留於心中得不到釋放。他們不會有畏縮、壓抑的心理，也不會懦弱、保守、逆來順受，其實這樣反而能起到維持身心健康的作用。

用「平行交談」的方式與他們溝通

交談可以使雙方互相溝通，只有溝通才能相互理解。但是，交談必須建立在雙方平等的基礎上，您可以以朋友的身份與孩子「平行交談」。家長用「平行交談」的方式跟青春期的子女談話，往往能得到熱烈的回應。

「平行交談」其意思是指家長與子女一面一起做些普通活動，一面交談，重點放在活動上，而不是談話的內容，雙方也不必互相看著對方。這種非面對面的談話方式會讓家長和孩子都感到輕鬆自在。

家長與孩子的談話內容，最好是多談一些如何學會求知識，學會做事，學會共處，學會做人等。在交談中，還

要注意從事情到關係、從事情到感情、從一般到特殊等原則，從而使孩子與家長之間什麼話都交談。

營造聆聽氣氛，做孩子的顧問

家長要設法讓孩子覺得那樣做是很自然的。其訣竅就是讓家裡時時刻刻都有一種「聆聽的氣氛」。這樣，孩子一旦遇上重要的事情，就會來找家長商談。

要達到這個目的，其中一個好方法就是經常抽空陪伴孩子。如利用共聚晚餐的機會，留心聽孩子說話，讓孩子覺得自己受重視。學會做孩子的顧問，只細心聆聽，協助抉擇，而不插手干預，僅建議改弦更張。

不給孩子過分的愛

青少年時期是渴望獨立的時期，過多的保護會使孩子內心煩躁不安，產生牴觸情緒，報復和叛逆心理會日趨嚴重。應該允許孩子有自己的祕密。擁有「祕密」是他們感悟自我、體驗成長的重要方式。

讓孩子擁有自己的空間

過多地干涉實際上是家長對孩子不信任、不尊重的表現，它會使孩子受到傷害。理解和尊重才是構成良好親子關係的基礎。

不要無所不問，屬於「新新人類」的孩子通常不會把很多有關自己的事告訴家長。如果你的孩子也是這樣，你

應該把孩子告訴你的任何事情都視爲禮物，加以珍視。

給父母的悄悄話：

　　成長於資訊開放年代的孩子所感受到的社會，以及在這種感受中逐漸形成的價值觀與其家長大不相同，而其年齡和經歷又決定了他還不能獨立應付許多挑戰和誘惑。他們更需要的是從家長那裡得到理解、支持、鼓勵和指導。

　　隨著孩子進入青春期這個人生的特殊年齡階段，家庭關係也必須做出相應的調整，改變以往那種由家長決定一切、孩子只是服從的教養方式；家長需要多從孩子的角度考慮問題，努力與青春期的孩子建立一種平等、相互尊重的關係，而這種關係的建立需要以相互理解爲基礎，以溝通爲原則。

讓醜小鴨變成 白天鵝

「醜小鴨實驗」其實並不複雜：心理學家羅森塔爾來到一所鄉村小學，給各年級的學生做語言能力和推理能力的測驗，測完之後，他沒有看測驗結果，而是隨機選出百分之二十的學生，告訴他們的老師說這些孩子很有潛力，將來可能比其他學生更有出息。八個月後，羅森塔爾再次來到這所學校。奇蹟出現了，他隨機指定的那百分之二十的學生成績有了顯著的進步。

為什麼呢？是老師的期望起了關鍵作用。老師們相信專家的結論，相信那些被指定的孩子確有前途，於是對他們寄予了更高的期望，投入了更多的精神，更加信任、鼓勵他們，反過來這些孩子的自信心也得到了增強，因而比其他的百分之八十進步得更快。羅森塔爾把這種期望產生的效應稱之為「皮格馬利翁效應」。

皮格馬利翁是希臘神話中的一位雕刻師，他耗盡心血雕刻了一位美麗的姑娘，並傾注了全部的愛給她。上帝被雕刻師的真誠打動了，使姑娘的雕像獲得了生命。

也許你的孩子總覺得自己是個「醜小鴨」登不上大雅

之堂，或者因爲家庭經濟拮据變得鬱鬱寡歡，其實這些都是青春期的自卑感在作怪。

因此，一個人若被自卑感所籠罩和統治，他的精神活動就會遭到嚴重的束縛，從而使聰明才智和創造能力受到嚴重的壓抑，無法發揮自己的作用。這種心理長期發展下去，就會讓人變得頹廢、逃避、心靈扭曲，甚至產生錯誤的人生態度。

進入青春期後，青少年開始越來越關心自我，越來越密切地注視自己，很自然的就常常拿自己與同儕比較，很想肯定自己，希望自己處處能超越別人，使別人能對自己刮目相看。

正是在這樣人與人的比較中，個人很容易判斷出自己與別人的高低上下，這雖然有著促使人上進的積極一面，但由於青少年較爲情緒化，看事物很容易以偏概全，一旦在比較中感到自己與別人距離過大，或是比較之後透過自己努力還是達不到自己的願望時就會產生挫折感，會一榮俱榮、一損俱損，變得心灰意冷，產生自卑心理。每個人產生自卑感的根源並不一樣，產生的原因也很複雜。

一、生理上的原因

一個人的相貌、身材、體重、膚色等，都可能導致自卑感的產生。

　　有些女學生常因為自己長的不夠漂亮，或者身材矮小、膚色黝黑而感到苦惱、自卑；有的女學生甚至會因為自己的汗毛過長過多，或者臉上長有幾顆雀斑、一顆痣而感到自卑。

　　男學生中，因為身材不夠高大、魁梧而感到自卑的也大有人在。至於那些有先天性生理缺陷的人，如聾、啞、盲、肢體殘障等等，存在自卑感的現象就更普遍了。

　　二、性格上的問題

　　有自卑心理的人，性格比較內向，自尊心較強，自信心不夠，因此容易因一時的失敗而灰心喪氣，甚至自暴自棄。

　　有的人易煩躁、焦慮，無法定下心來學習做事，他們看到別的同學學習成績好，領導能力強，很羨慕，希望自己也能那樣，但性格與能力並不是一下子就能改變的，為此他們自我煩惱，並深深自卑。

　　三、成人的貶抑性評價

　　母親是孩子的第一任老師，而老師又是學生心目中的權威，因此，母親與教師對孩子的評價，都會對孩子產生巨大的影響。

　　特別是貶抑性的評價：「太笨」、「腦袋不開竅」、「飯桶」、「蠢蛋」等等，都可能嚴重挫傷孩子的自尊心，

使他產生自卑感。

四、個人生活條件不盡如意

有的青少年因為家庭經濟條件差感到自己不如他人；有的因為父母親職業問題而感到自卑；有的是因為自己沒考上明星學校或不是就讀升學班而感到低人幾等；有的是因為自己家住鄉下而從不在別人面前談論自己家庭情況。

五、實踐中經常遭受失敗和挫折

這是導致自卑感產生的根本原因。失敗和自卑，往往如影隨形，互為因果。失敗可以引起自卑，自卑又會增加失敗。所以，經常遭受失敗和挫折的人，自信心會日益消蝕，而自卑感也日益嚴重。

六、不能正確認識自己

每個人都有他理想的自我和實際的自我。而實際的自我又有主觀的自我和客觀的自我。自己對自己的看法就是主觀的自我，別人對自己的看法則是一種客觀的自我。如果主觀的自我遠低於客觀的自我，那麼這個人就是缺乏自信，他們往往自我認識不足，過低估計自己。

當某種能力與缺陷受到周圍人的輕視、嘲笑或侮辱時，這種自卑感會更加嚴重，甚至以消極的形式表現出來，如自殺等。

有自卑心理的青少年通常都較為敏感，他們的自尊

心、自信心，常因自己的一件事做不成，就懷疑自己，很容易受到傷害，特別是在學習上，成績和智力上比不過同伴時就常常無法坦然接受現實去踏實學習，而是顯得急躁、壓力重重。對外貌上自覺不夠理想也常常讓他們滋生煩惱，有時因為自己身體的急速成長常常使他們不知所措，比如覺得自己太胖，太高、太矮，眼睛太小等等。所以說，自卑感更確切地說其實是一種信心不足。

成人的貶抑性評價，是使孩子產生自卑感的一個重要的外在刺激因素。因此，母親要注意不要輕率地批評孩子，尤其不要隨意貶低他們的能力或特質，以免損害他們的自尊心和自信心，而要多給予讚美及正面的評價，即表揚和鼓勵。

父母應該告訴孩子：人生是變幻的，逆境也絕不會一成不變。也許，今日的逆境，將會造就未來的成功。逆境可以磨練我們堅毅的品德，並讓我們對人生進行更深層次的思考。同時，在微笑中我們能吸取失敗的經驗，輕輕鬆鬆地迎接下一次挑戰。

你可以微笑著告訴孩子，也讓孩子微笑的告訴他自己：「一次失敗不能證明全部失敗，只有放棄嘗試才是真正的失敗。」

要幫助孩子對自己的長處和短處進行實事求是的分析

與評價，要幫助孩子發現自身的長處，不要把別人看得十全十美，把自己看得一無是處，這樣就能減少產生自卑的誘因。

目前看來，在青少年中主觀隨意虛構而造成的自卑感佔有很重要的成分。主觀虛構的自卑是指對他人根本不曾留意或不曾覺察的事情，自己胡思亂想，疑神疑鬼，懷疑別人對自己態度冷淡，鄙視自己的缺陷，看不起自己等。因此，要幫助孩子正確認識與評價自己，不要讓孩子被主觀臆測的自卑感所困擾。

家長如果想要幫助自己的孩子從醜小鴨變成白天鵝，那麼就請認真看下面的提示。

對孩子微笑，並讓孩子對自己微笑

告訴孩子：人生是充滿變化的，逆境也絕不會一成不變。也許，今日的逆境，將會造就未來的成功。逆境可以磨練我們堅毅的品德，並讓我們對人生進行深層次的思考。同時，在微笑中我們能吸取失敗的經驗，輕輕鬆鬆地迎接下一次挑戰。

你可以微笑著告訴孩子，也讓孩子微笑的告訴他自己：「一次失敗不能證明全部失敗，只有放棄嘗試才必定失敗。」

努力增強孩子的自信心，對孩子進行積極的自我暗示

　　自卑是失敗的俘虜，不戰自敗，所以，要經常讓孩子保持一種信念：「我可以！」、「我行！」、「不相信，我做給你看！」

　　恰到好處地自我暗示，就是在自己的心田上播種自信，消除自卑的莠草。為了增強自信心，可以有意識地、實事求是地把孩子的優點和長處列成一張表，以便時時提醒孩子。

確立合乎實際的目標，注意自我激勵

　　自卑往往是由於失望而產生的，而人的失望情緒又與人對某件事的期望程度相關。

　　事先的期望值越高，事後因結果不理想、目標未達到而產生的失望程度就越深。因此，不管做什麼事情，不可操之過急，目標不可定得太大太高，不然就易於受挫。

　　如果目標本身較大較高，可將它分解為一個個子目標，這樣就易於達成，而每次的成功都是對自己的一種激勵，這樣才有利於提高自信心。

拓展孩子的交往圈

　　自卑的孩子多數孤僻、不合群，常自己把自己孤立起來。心理學家認為，當人獨處時，心理活動就會轉入內部、朝向自我。

　　自卑者長期獨處，心理活動的範圍、內容會變窄變小，

只能翻來覆去在某幾個問題上轉，加上個人認識的局限，就會使心理活動走向片面，從而陷入深深的自卑之中不能自拔。而在與人積極交往過程中，自己的注意力會被他人所吸引，心理活動就不會局限於個人的小圈子裡，性格就會變得開朗。

此外，透過與人交往，就能正確認識他人的長短處，並透過比較，正確認識自己，調整自我評價，學習他人的長處，從眾模仿他人的行為，減少自卑感。

剔除孩子的消極用語

留意一下你的孩子是不是經常使用一些消極性的自我描述用語，如「我就是這樣」、「我天生如此」、「我不行」、「我沒希望」、「我不可能成功」等。

如果他們總是把這些消極用語掛在嘴邊，就只會讓他們更加自卑，幫助孩子把這些句子改成「我以前曾經是這樣」、「我一定要做出改變」、「我可以」、「我可以試試看」、「這次肯定會成功的」，並且要經常讓孩子對自己說或寫下來貼在孩子房間的床頭和書桌上。

引導孩子學會「揚長避短」

對那些讓孩子自卑的部份，而經過自己努力後仍難以有大的進步的方面，就讓孩子放棄它，並有意識地積極尋覓並發展自己的優勢，用精力與時間去培植它，讓這方面

的成績輝煌起來。而與人交談和交往的活動中，要讓孩子盡可能選擇自己擅長的話題與活動項目。

這樣不僅有話可說，甚至可以滔滔不絕的說，讓孩子充分顯露自己的一技之長，從而體驗到「我能勝任」的愉悅感。這樣也會讓孩子因此而自信起來，以達到「失之東隅，收之桑榆」之效。

給父母的悄悄話：

父母應該告訴孩子：人生是變幻無常的，逆境也絕不會一成不變。也許，今日的逆境，將會造就未來的成功。

與人交談和交往的活動中，要讓孩子盡可能選擇自己擅長的話題與活動項目。這樣不僅有話可說，甚至可以滔滔不絕的說，讓孩子充分顯露自己的一技之長，從而體驗到「我能勝任」的愉悅感。這樣也會讓孩子因此而自信起來，以達到「失之東隅，收之桑榆」之效。

抑制 虛榮 的種子

　　家境貧寒的小倩剛剛大學畢業步入社會，爲了追求時髦，不惜借錢購買名牌衣服，還用信用卡刷卡買了名牌包包、戒指來炫耀自己。周圍的人都羨慕地誇獎她有錢，她只說是爸爸媽媽幫她買的。直到有一天門口堵滿了要債的人，周圍的人才明白過來是怎麼回事。從此，大家都避著她，她也爲此陷入了苦惱之中。

　　隨著生理上的發育和社會接觸面的擴大，青少年自尊心亦與日俱增。然而，這種自尊容易被追求虛榮所扭曲，而青春期的孩子虛榮心很強。例如他們喜歡穿流行的服裝，在同學中做出譁眾取寵的舉動，目的就是要表現自己，用片面的虛榮去滿足自己某種好奇、好勝及自我表現的心理慾望。

　　心理學上認爲，虛榮心是一種被扭曲了的自尊心，是自尊心的過分表現，是一種追求虛榮的性格缺陷，是人們爲了取得榮譽和引起大家注意而表現出來的一種不正常的社會情感。這一類型的人表面上表現出強烈的虛榮心，其深層心理是心虛的。表面上追求面子，打腫臉充胖子，內

心卻很空虛。表面的虛榮與內心深處的心虛總是不斷地在對抗著：一方面在沒有達到目的之前，為自己不如人意的現狀所折磨；另一方面即使達到目的之後，也唯恐自己真相敗露而恐懼。一個人如果永遠被這至少來自兩方面的矛盾心理所折磨，他們的心靈會是痛苦的，完全不會有幸福可言。

虛榮心強的人往往是華而不實的浮躁之人。這種人在物質上嗜用名牌貨、喜歡跟別人做比較；在社交上好出風頭；在人格上很自負、嫉妒心重；在學習上不刻苦。因而是一種病態的社會心理。

從個體心理方面分析，虛榮心的產生有以下幾個原因：

一是面子觀念的驅動

五十多年前，林語堂先生在《吾國吾民》中認為，統治中國的三女神是「面子、命運和恩典」。

「講面子」是中國社會普遍存在的一種民族心理，面子行為反映了中國人尊重與自尊的情感和需要，丟面子就意味著否定自己的才能，這是萬萬不能接受的，於是有些人為了不丟面子，透過「打腫臉充胖子」的方式來顯示自我。

二是與戲劇化人格傾向有關

愛慕虛榮的人多半為外向型、衝動型、反覆善變、做

作，具有濃厚、強烈的情感反應，裝腔作勢、缺乏真實的
情感，待人處事突出自我、浮躁不安。

**三是虛榮心的背後掩蓋著的是自卑與心虛等深層心理
缺陷**

具有虛榮心理的人，多存在自卑與心虛等深層心理的
缺陷，而這種虛榮心只是一種補償作用，竭力追慕浮華，
以掩飾心理上的缺陷。

平常所說的自尊心，就是尊重自己的人格、榮譽，不
向別人卑躬屈膝，不容別人歧視侮辱，維護自我尊嚴這樣
一種自我情感表現。自尊心是自我意識中最敏感的一個部
分，一個人有了自尊心，就會力爭上游，不達目的誓不罷
休。

在日常生活中可以看到，自尊心強的人較不甘落後，
會自覺主動地遵守紀律，努力學習，完成創造性任務。自
尊是一種可貴的情感，只要好好的利用它，就能豐富自己，
提升自己，發展自己。

但是，有的孩子自尊心過強，特別好面子，貪圖追求
表面光彩，這就走向了虛榮。比如不能正確地瞭解自己，
將父母或他人的榮耀也當成自己的；因為害怕別人看不起，
而不顧經濟條件是否允許，在穿著打扮上互相評比；在知
識學問上，不懂裝懂；總想表現出優於眾人，聽不得別人

對自己的批評，等等，這些都是虛榮心的表現。

自尊心是建立在自信的基礎上的

有自尊心的人必須承認自己也有比不上別人的地方，但是他們相信透過努力能夠改變這種狀況，使自己變得更好；而虛榮心卻建立在自卑的基礎上，有虛榮心的人非常在意自己在別人眼裡的形象，總是不由自主地掩蓋自己的弱點，以便顯得自己和別人一樣或比別人更優越。

虛榮心使他們不是去努力提高自己的實力，而是急功近利地做表面文章，結果倒頭來並不能真正改變不利的地位，反而進一步喪失了自尊。因此，虛榮並不能讓我們真正感受到內心的充實，永不滿足的虛榮心帶給人的只能是永無休止的煩惱。

讓孩子正確地對待輿論

孩子生活在團體之中，總免不了會被別人品頭論足，若是論調正確，那麼我們就應讓孩子認真對待，若是論調有失之偏頗，那麼我們就應當讓孩子提高辨別力，不要凡事人云亦云，毫無主見，讓不正確的輿論左右了孩子。

幫助孩子正確評價自己

告訴孩子不僅要看到自己的長處和成績，也要看到自己的短處和不足，對自己採取實事求是的態度，這樣才可避免造成因過高估計自己，而實際上做不到的難堪局面。

教會孩子正確地對待榮譽

榮譽應當與一個人的真實努力相符，否則只能是虛假的。孩子需要得到別人的尊重，他們也有權力得到別人尊重，但這種尊重必須建立在孩子真實的努力之上，要取得好成績，一定要靠認真刻苦的學習，否則，即使贏得了「榮譽」，也不光彩，而且一旦暴露，只能受到他人的蔑視和嘲笑。

面子「不可沒有，也不能強求」，如果「打腫臉充胖子」，過分追求榮譽，顯示自己，就會使孩子的人格受到歪曲。同時也應正確看待失敗與挫折，「失敗乃成功之母」，必須從失敗中總結經驗，從挫折中悟出真諦，才能建立自信、自愛、自立、自強，從而消除虛榮心。

讓孩子學會公平競爭

競爭應是激勵人奮進的過程，而不應成為目標，如果把競爭本身看作是目的，便會使人過於看重結果，很容易引發不擇手段、不守規矩的舉動。

要讓孩子明白有競爭就會有輸贏，不要把目的只放在輸贏上，而是要注重競爭的過程，從中發現自己輸或贏的道理，體會競爭的樂趣，形成健康的心理。

給父母的悄悄話：

　　要立足於健康的而不是病態的比較，如：比成績，比能力，比投入，而不是貪圖虛名，嫉妒他人表現自己。

　　如果孩子已出現自誇、說謊、嫉妒等不正常行為，可以在發現後讓孩子到操場上跑幾圈，或者在他的手腕上套個橡皮筋，以求警示與干預作用。久而久之，愛慕虛榮的行為就會逐漸消退，但這種方法需要當事人有超人的毅力與堅定的信念才能收效。

不做 獨行俠

　　一九五四年，美國做了一項實驗。該實驗以每天二十美元的報酬（在當時是很高的金額）僱用了一批學生作為被測驗者。

　　實驗內容是這樣的：

　　為了製造出極端的孤獨狀態，實驗者將學生關在有隔音裝置的小房間裡，讓他們戴上半透明的保護鏡以盡量減少視覺刺激。接著，又讓他們戴上棉質手套，並在其袖口處套了一個長長的圓筒。為了限制各種觸覺刺激，又在其頭部墊上了一個乳膠枕。除了進餐和排泄的時間以外。實驗者要求學生二十四小時都躺在床上。可以說，這樣就營造出了一個所有感覺都被剝奪了的狀態。

　　結果，儘管報酬很高，但幾乎沒有人能在這項孤獨實驗中忍耐三天以上。最初的八個小時好歹還能撐住，之後，學生就吹起了口哨或者自言自語，有點煩躁不安了。在這種狀態下，即使實驗結束後讓他做一些簡單的事情他也會頻頻出錯，精神也集中不起來了。

　　據說，實驗後得需要三天以上的時間才能回到原來的

正常狀態。實驗持續數日後，人會產生一些幻覺。例如看見一大隊花栗鼠行進的情景，或者聽到有音樂傳來，等等。到了第四天時，學生會出現雙手發抖，不能筆直走路，應答速度遲緩，以及對疼痛敏感等症狀。

透過這個實驗我們明白了一點：人的身心要想正常工作，就必需不斷地從外界獲得新的刺激。

有位哲人曾說過：「沒有任何人會像年輕人那樣深陷於孤獨之中，渴望著被人接近與理解，沒有任何人會像年輕人那樣站在遙遠的地方呼喚。」

青春期是兒童向成人轉變的過渡階段。青少年時期的孩子總想一夜之間成熟，在同學中想成為被接納和喜愛的人；在成人面前希望得到尊重和信任。他們渴望和別人探討交流又不願敞開心扉。

獨立意識和自我意識的發展導致青少年時期的孩子產生許多獨特想法和美好嚮往，而這些想法往往被人否定，認為是「幼稚無知」，所以青少年時期的孩子便將內心封存起來變得越來越孤獨。

兒童時期，開始認識到別人與自己的區別，雖然也有害怕、擔心、寂寞等情緒反應，但因為自我認識相對不是很強，所以，只要有人做伴就能消除以上的感覺。

但進入青春期之後，伴隨著生理上的發育、成熟，在

心理上，也發生著急劇的變化。他們的注意力從外部世界逐漸轉向自己的內心世界，他們發現了一個新奇、紛繁複雜的「世界」，他們爲自己生理上的變化而感到惶惑和恐懼，爲心理上的「成熟」感到興奮和焦急，他們渴望瞭解這個世界，所以陷入空幻的瞑想和自我反省之中。

一方面，他們害怕別人發現、侵擾自己這塊神聖的「領地」，於是本能的將自己封閉起來，自我封閉是這個時期最主要的特徵之一；另一方面，他們又極其渴望得到別人的理解、關懷。

由於自我意識的覺醒，使他們開始擺脫父母親的監護，追求自我獨立，他們自認爲已經成爲「大人」，然而他們畢竟還是「孩子」，在強大、複雜的社會現實面前，他們仍是顯得那樣地軟弱無力，那樣地不堪一擊，更由於他們的自我封閉，使人們難以瞭解他們內心深處的真實想法，而失去別人的幫助和理解，這就使他們陷入迷茫、痛苦和孤獨之中，在他們看來沒有人能夠理解他們，事實上，當自我發展，主體的獨立性形成的時期，也正是主體孤獨感產生的時期。

正值豆蔻年華的少男少女體驗到孤獨其實並不可怕，這正是自我意識覺醒的一種表現。孤獨感乃是一種自我封閉心理的反映，是感到自身和外界隔絕或受到外界排斥所

產生出來的孤伶苦悶的情感。

　　當你不能按照自己的意願或計劃行事；耽於夢想，而又不可能實現；和親人分離或經歷親人死亡的打擊；內心有難言的羞恥；被排斥於你想加入的小團體之外；被他人嘲笑或輕視；處處和他人意見不和而不能融洽自然地相處；不敢向他人吐露心事，因為害怕會被人嘲笑，洩露自己的祕密，受人冷淡而得不到同情；被父母限制了自己的活動和交往；新的環境改變了你的生活；鑄成一生中的大錯而悔恨不迭或自慚形穢？

　　對別人做的一切都不感興趣或不想去做；無聊空虛，不知該做什麼；怯於和他人交往或交談；覺得沒人理解我時，孤獨感就會悄然而至。

　　每個人在一生中都或多或少地體驗到孤獨感

　　孩子的孤獨感並非一無是處。青春期的孤獨是心理成熟的現象，它意味著一個人已經開始把自己的興趣從對外界事物的關注中轉移回來，回到了自我，試圖瞭解自己是怎麼一回事，思考人生的意義和價值。這種將注意力轉移到自我內心體驗，是一件好事。

　　正確的理解孤獨，勇敢的正視孤獨，是一個強者的風範；從孤獨中，青春期的孩子得以走進自己的內心深處，重新認識自己，掌控自己；從孤獨中，青春期的孩子得以

冷靜地對身邊發生的事物進行分析和思考，適時調整自己的行為，獲得最佳的人生經驗。

告訴孩子在個體上他是獨一無二的，但在世界上他和別人一樣

告訴孩子，他的喜、怒、哀、樂，與別人包括做母親的你也都曾有過，不必過於在意自己的感受，要學會不以物喜，不以己悲。

凡事都要保持一顆平常心，要努力向外面的世界伸展，外面的世界很精彩。

盡力改變孩子原來的環境

當孩子獨自一個人的時候，幫他安排一些他感興趣的事情，讀讀書，聽聽音樂，從事自己的課餘愛好等等。

每個人都會有孤單的時候，在屬於自己的時間裡滿足自己的興趣愛好，乃是人生的一種樂趣。

與孩子分享他正在思考的問題

分享是人生的寶貴財富，是一種難得的心理滿足。當我們得喜、怒、哀、樂被人分享時，就會感到喜上加喜，悲傷也會大大減輕。

同樣的道理，當父母親分享孩子的各種情感時，孩子同樣會產生莫大的心靈安慰，而母親也會從中得到精神上的滿足，進而使孩子擺脫孤獨的情緒。

指導孩子積極主動地接近別人

積極主動地接近別人的最好方法，便是關心、幫助別人。當你看到周圍的人有為難之處的時候，如果能主動伸出援手去幫忙，很可能就為自己贏得了一位朋友，從而也幫助自己擺脫了孤獨。

幫助孩子透過改變自我而獲取朋友

沒有人會喜歡整天愁眉苦臉的人，也沒有人會喜歡一臉清高孤傲的人。如果你想要孩子擁有友誼和朋友，那麼你就必須幫助孩子在某種程度上改變他自己。

指導他學會傾聽別人的講話，學會將心比心，學會禮讓平和，學會說話的時候多強調他人而不是「我」自己，那麼很快你的孩子就會擁有更多的好朋友。

將分享當作財富贈與孩子

其實，孤獨與分享從來就是一體兩面的，不能截然分開，而兩極相通向來都是事物的普遍規律。只有從分享走向孤獨，才會體會孤獨之深沉，只有從孤獨中走向分享，才能由衷感到分享之美好。

一個從來不懂得分享的人，便永遠體會不到孤獨的真正內涵；而一個不知孤獨的人，也必將不懂分享的樂趣。

做為父母親的你，不但要學會分享孩子的心思，還要幫助他們學會分享別人的心思，進而在孤獨與分享間享受

著他們的快樂。

給父母的悄悄話：

　　孩子的孤獨感並非一無是處。青春期的孤獨是心理成熟的現象，它意味著一個人已經開始把自己的興趣從對外界事物的關注中撤回來，回到了自我。

　　盡力改變孩子原來的環境。當孩子一個人的時候，幫他安排一些感興趣的事情，讀讀書，聽聽音樂，從事自己的課餘愛好等等。每個人都會有孤單的時候，在屬於自己的時間裡滿足自己的興趣愛好，乃是人生的一種樂趣。

當孩子 嫉妒 別人時

　　小瑞翻閱日記時發現，近來絲絲這個名字頻繁地出現在她的日記本中。

　　這個名字出現的次數竟然高達十三次之多，遠遠多於小瑞在日記中提及的其他人。絲絲這個名字從她第一次到小瑞班級時就開始出現在小瑞的日記中。

　　「她腳上居然穿著一雙及膝的靴子。我的第一個感覺就是強烈地渴望那雙靴子是穿在自己的腳上。那一整天，我的眼睛始終沒有離開過那雙靴子。」小瑞在日記中如此描述。

　　更糟糕的是，那雙靴子只不過是一個開始。絲絲買的衣服全都是從百貨公司最好的兒童專櫃裡買的，而小瑞，從來都是在那裡打折的時候才能去買換季的衣服。絲絲居然還有耳洞，戴著耳環。更讓人受不了的是，在絲絲生日的時候，她父母居然送給她一隻裝在古董鳥籠裡的金絲雀。雖然以前小瑞從來沒有過養金絲雀的念頭，但從那天以後，小瑞覺得世上最值得期待的莫過於擁有一隻屬於自己的金絲雀了。

在表面上，小瑞和絲絲是好朋友，但事實上她卻是帶給小瑞最多傷害的人。在小瑞的日記裡，小瑞明明白白地流露出了這一點，儘管這些文字讓小瑞覺得有些臉紅，但小瑞的確認為絲絲不過是一個非常自傲的人，是一個讓小瑞受不了的人。

是的，這就是嫉妒。

這就是一種在青春期都有過的情結。這種強烈的想得到別人所擁有的東西的慾望，折磨過大多數人，雖然承認起來需要一點勇氣，但事實上，沒有人能夠否認，我們的確有過想得到別人所擁有的東西的念頭，別人的髮型，別人的成績，甚至別人的父母。無數次地在心裡默念，希望一覺醒來，這些夢寐以求的東西就屬於自己。

青少年常常喜歡與他人做比較，但當發現自己在才能、外貌或家庭條件等方面不如別人時，就會產生一種羨慕、崇拜，奮力追趕的心情，這是上進心的表現。但有時也會產生羞愧、消沉、怨恨等不愉快的情緒，後者這種感受就是人的嫉妒心理。

當青少年開始關心起自己的專長，注意起同學的成績以及別人對自己的評價時，嫉妒就會特別敏感地表現出來。這主要是因為青少年心理發展尚未成熟，對自己各方面的能力還認識不足，遇上比自己能力強的人時就會感到不安

所致。另外，青少年若是過於以自我爲中心，常常只關心著自己，待人中缺少純樸的善意，處處想表現自己的優越，特別是當自己幫助的人超過自己時，就會強烈希望別人在某一方面不如自己。

青少年嫉妒心理的內容主要有以下幾個方面：

一、學習、工作

學業優秀、人緣佳、工作出色的人往往成爲嫉妒的對象。

二、愛情

愛情是青少年時期會開始接觸的一個問題。愛情本是一種美好的情愫，然而卻容易把雙方燒得頭腦發昏，走向嫉妒的極端。

可以這樣說，愛情與嫉妒是一對雙胞胎。輕微的嫉妒可以促進愛情，一旦火焰過盛，則容易把愛情之花燒的枯萎，甚至導致殺人或自殺的嚴重後果。

三、才貌

才貌是指天生的智慧及外貌。優秀的才能和俊美的容貌容易使人得到幸福和成功，而才貌較差者則要爲此付出更多的努力。嫉妒心理便由此而生了。

黑格爾曾經說過：有嫉妒心理的人，自己不能完成偉大的事業，乃盡量低估他人的強大，透過貶低他人而使自

已與之相齊。

——當你的孩子嫉妒別人時

保持堅定沉著，不斷地給孩子打氣

當孩子在嫉妒別人有一頭亮麗的秀髮時，你可以對孩子說：「是的，她的頭髮的確很美，可是你的眼睛也很漂亮呀！」

然後孩子就有了忽視和忘記的理由，換句話說，讓孩子學會自我滿足和陶醉，但切記不是自欺欺人，否則只會更沮喪。

當嫉妒快要將你的孩子擊垮的時候，一定要沉著地將孩子所有優點列成一張清單。你和孩子都會發現，原來他是如此的優秀。

杜絕孩子造謠生事、惡意攻擊的言行

妒火攻心，氣急敗壞，急欲給對方點顏色瞧瞧，以為這樣就能破壞對方的優勢。但是這類謠言、惡語往往都會真相大白，隨之而來的是自己人格形象的損傷。當你的孩子知道這種行為的嚴重後果時，恐怕他就不會繼續他的行動了。

培養孩子惺惺相惜的情操

武俠小說中常常看這樣的情節：隱居世外的高人，若干年後遇到青年才俊，竟然能與自己抗衡，於是將自己一

走過、路過也要錯過 —— 情緒管控中的心理學

身絕技傾囊相授。

這一群人前進的動力並非來自嫉妒，而是他們由衷地欣賞對方，在相互切磋中感受到對方的美好，在美好的感覺中實現了自身的目標，因此惺惺相惜者之間多半不會心存嫉妒。

列出對孩子最重要的東西

嫉妒是因為別人擁有了我們想擁有的東西。而人們總是不清楚自己真正想擁有什麼，總是為一些小事而傷神。如果我們每個人都能想得更長遠一些，身邊的一些小事就不會再牽動你的情緒。因為你知道你自己想要什麼，也知道自己想擁有什麼。這樣你就能成為一個從容而豁達的人。而嫉妒通常對這種人是無可奈何的。

一定要告訴你的孩子：嫉妒別人擁有的東西，有時候並不是你真正想擁有的，要知道什麼才是對自己最重要的。

——當你的孩子被別人嫉妒時

讓孩子學會示弱

很多人在某些方面要比你的孩子更優秀，他並不需要你的孩子來幫助他。對這一類的人來說，你應該讓孩子承認對方的優點，也要讓孩子認清自身的優點和弱點。

用事實說服嫉妒者

一些不明就裡的嫉妒者往往只看到了事物的一面，他

們往往認為優秀來自於命運之神對你的孩子特別的眷顧和
垂青，他們沒有看到在孩子優秀的背後，是付出多少的努
力，是捨棄多少玩樂時間。

　　人們往往並不嫉妒靠辛勤耕耘得到收穫的人，嫉妒的
是周圍的幸運兒們。因此，你只要讓孩子說出自己付出努
力的事實就可以了。

讓孩子學會關心和鼓勵他人

　　處在嫉妒他人當中的人，表面看來氣盛火旺，但內心
卻極為脆弱。嫉妒往往也不是他們故意用來針對別人的武
器，而是保護自己的防衛工具，就如刺蝟之刺。

　　這種情況下，關心和鼓勵往往是雙贏的策略。但這種
關心和鼓勵，不要太明顯，以防使對方難堪，「隨風潛入
夜，潤物細無聲」，用細節的點點滴滴化解對方的嫉妒。

顯出自身的缺點

　　適當的時候適當的場合，讓孩子故意顯示一下自己無
關大雅的缺點。

　　實驗證明，人們喜歡有點小毛病的人甚於完美無缺的
人，因為有點小毛病的人不但具有令人喜歡的氣質而且不
會給人帶來壓力。同時，在適當的時候讓孩子請求對方的
幫助，表現出對對方能力的肯定。因此，示弱是以退為進
消除身邊嫉妒者的良好方法。

走過、路過也要錯過──情緒管控中的心理學

給父母的悄悄話：

　　青少年常常喜歡與他人做比較，但當發現自己在才能、外貌或家庭條件等方面不如別人時，就會產生一種羨慕、崇拜，奮力追趕的心情，這可以說是一種上進心的表現。

　　讓孩子不用去理會那些心胸狹窄、刁鑽的嫉妒者，請相信，清者自清，時間是最好的緩衝劑。

憤怒 是魔鬼

　　心理學上有一個著名的實驗，叫做情緒實驗。

　　實驗說：古代阿拉伯學者阿維森納，曾把同一胎所生的兩隻羊羔置於不同的外界環境中生活：一隻小羊羔隨羊群在水草地快樂地生活；而在另一隻羊羔旁拴了一隻狼，牠總是覺得自己每天都要面對那隻野獸的威脅，在極度驚恐的狀態下，根本吃不下東西，不久就因恐慌而死去。

　　在醫學上心理學家利用狗來作嫉妒情緒實驗：把一隻飢餓的狗關在一個鐵籠子裡，讓籠子外面的另一隻狗當著牠的面吃肉骨頭，籠內的狗在急躁、氣憤和嫉妒的負面情緒狀態下，產生了神經性的病態反應。

　　實驗告訴我們：恐懼、焦慮、抑鬱、嫉妒、敵意、衝動等負面情緒，是一種破壞性的情感。

　　情緒是心理活動的核心，對身心健康有重大的影響。因此，學會自覺地調節和控制情緒，是心理保健的重要內容。我們在日常生活和學習中，無論做什麼事都帶有情感色彩：當考試取得好成績時，會感到喜悅；失去珍貴的東西時，會感到惋惜；如果願望一再受妨礙而達不到時，則

會失望甚至憤怒；進入一個陌生的環境時，會感到侷促不安甚或產生恐懼等。

這些喜悅、悲哀、憤怒、恐懼等等情緒活動，都會引起身體一系列的生理變化。

據科學研究指出，積極健康的情緒，如愉快、歡樂、適度的緊張，對人體都有好處，它可以引起心臟輸出量增加，促進血液循環，使人精神振作，大腦工作能力增強。而傷心、悲痛、憤怒、焦慮等消極情緒所引起的生理變化，於人的身體是不利的。

如身體長期處於這些不良的情緒影響下，往往會引起多種疾病的發生，如：高血壓、胃潰瘍，以及心理障礙等。因此，青少年應該懂得情緒在保護心理健康中所起的重要作用，並學會自我調節和控制情緒。

有的家長在教育孩子時，常常被自己的情緒所左右。家長高興時，教育孩子就會注意方式方法，家長不高興時就直接以暴力相向，甚至沒事找事，把孩子當作出氣筒，或打罵訓斥、諷刺、挖苦等等。這種因家長情緒的好壞而出現的教養態度不一，其禍害是無窮的：

一、這會在孩子的行為標準上造成混亂

也就是說，這往往會使孩子不知自己到底應該怎樣做，這既不利於孩子不良行為的及時糾正，又不利於孩子

良好行為習慣的養成。

二、教養態度不一容易使孩子養成看家長臉色行事的壞習慣

它並且不利於家長及時、準確地把握孩子的真實情況，不利於家長教育的針對性、時效性。

三、家長的不良情緒直接影響著孩子的心境，特別是因不良情緒而導致的

若家長在教育孩子的方式方法上常常是以暴力相向，這往往會使孩子同時遭到「體罰」與「心罰」的雙重傷害。這不僅嚴重地影響著孩子身心的健康發展，甚至會對孩子的一生帶來重大的傷害。

四、家長在教育孩子上若為自己的情緒所左右，這往往會使家長在孩子心目中的威信大大降低

這種威信的「降低」，往往又會對以後的家庭教育人為地製造出種種障礙，比如，有些家長所說的「孩子大了，反而越來越不聽話」，就與這種「障礙」有關。

要培養教育好孩子，身為家長的我們應學會調適自己的情緒，別讓不良的情緒影響我們對孩子的教育。

培養自己具有樂觀的生活態度

無論遇到什麼困難和挫折，都要以樂觀、積極的態度去面對，相信問題總會有辦法解決的，從而勇敢地面對現

實，努力進取，永不失望，對前途充滿信心和希望。持這樣的樂觀態度往往會產生積極情緒。

適當地發洩積存在心中的不良情緒

比如，可以向知己的人傾訴自己的苦惱和憂傷等等。這樣做，有助於消除心中的煩惱、壓抑，從而達到心平氣和。這種發洩對心理健康是有益的。

保持適當的緊張和放鬆

緊張是一種情緒，它能維持和提高學習、工作效率。如考試時產生的緊張情緒，能使大腦功能達到最高的效率狀態；平時上課或做某件事，也需要保持適當的緊張。張弛調節適度，就會使生活更有節奏和情趣。

善於用理智來控制自己

種種要求和願望，都應符合社會道德和規範，否則就要用理智打消這種念頭，不能苛求社會與他人滿足自己的一切願望。這樣做對維持心理平衡，培養健康情緒有好處。

家長在教育孩子時，應依靠理智的力量控制自己的不良情緒

比如：學會並善於以自我暗示、自我激勵、心理換位等來管住自己。

透過不斷加強心理品質的修養，不但做父母者能使自己保持良好的情緒，同時，你的方式方法和情緒態度將帶

給孩子潛移默化的影響。

一個人在生活中對自己的認識與評價，和本人的實際情況越符合，他的社會適應能力就越強，越能把壓力變成動力。

家長應學會調節自己的情緒，別讓不良情緒影響我們對孩子的教育。家長在教育孩子時，應依靠理智的力量控制自己的不良情緒。

誰是誰的 依賴

　　這個世界上，從來就沒有什麼救世主，一切只能靠自己。因爲父母會老，朋友會分開，而自己卻永遠不會遠離。歌德也曾說過：誰要是遊戲人生，他將一事無成；誰也不能主宰自己，永遠是一個奴隸。或者你還可以看看下面這個故事：

　　小蝸牛問媽媽：「爲什麼我們要背負這個又硬又重的殼？」

　　媽媽：「因爲我們的身體沒有骨骼的支撐，所以要有殼的保護！」

　　小蝸牛：「爲什麼毛毛蟲和蚯蚓不需要殼呢？」

　　媽媽：「因爲毛毛蟲能變成蝴蝶，天空會保護她；蚯蚓會鑽土，大地會保護他。」

　　小蝸牛哭了起來：「我們好可憐，沒人保護。」

　　蝸牛媽媽安慰他：「所以我們有殼啊！」

　　我們不靠天，也不靠地，我們靠自己。

　　可見，自己的困境只有依靠自己走出，自己的良機和快樂，只有靠自己去發現和把握。一個人最重要的一件事

情，應該是「知己」了，只有「知己」才能夠打贏自己的
人生。

當青少年跨進青春之門的時候，一方面比以前擁有了
更多的自由，另一方面卻要負擔起比以前更多的責任。有
些人感到膽怯，無法跨越依賴別人尤其是依賴父母的心理
障礙。依賴別人，意味著放棄對自我的主宰，這樣往往不
能形成自己獨立的人格。

人應該是獨立的。獨立思考，讓人脫離了動物界而成
為萬物之靈。當你跨進青春之門的時候，你就開始具備了
一定的獨立意識，但對別人尤其是父母的依戀常常困惑著
自己。依賴，是心理斷乳期的最大障礙。

隨著身心的發展，你一方面比以前擁有了更多的自
由，另一方面卻擔負起比以前更多的責任，面對這些責任，
有些人感到膽怯，無法跨越依賴別人的心理障礙。他們容
易失去自我，遇到問題的時候，自己不動腦筋，隨歌起舞
易產生從眾心理。

依賴心理主要表現為缺乏信心，放棄了對自己大腦的
支配權。這類的孩子往往表現出沒有主見，缺乏自信，總
覺得自己能力不足，甘願置身於從屬地位。總認為個人難
以獨立，時常祈求他人的幫助，處事優柔寡斷，遇事希望
父母或師長為自己做決定。

依賴性強的學生喜歡和獨立性強的同學交朋友，希望能在他們那裡找到依靠，找到寄托。學習上，喜歡讓老師給予細心指導，時時提出要求，否則，他們就像斷了線的風箏一樣，沒有方向，茫然不知所措。在家裡，一切都聽父母擺佈，甚至連穿什麼衣服都沒有自己的主張和看法。一旦失去了可以依賴的人，他們常常會不知如何是好。

具有依賴性格的中學生，如果得不到及時糾正，發展下去有可能形成依賴型人格障礙。依賴性過強的人需要獨立時，可能對正常的生活、工作都感到很吃力，內心缺乏安全感，時常感到恐懼、焦慮、擔心，很容易產生焦慮和抑鬱等情緒反應，影響心身健康。

那麼，人為什麼會在對別人的依賴中迷失自己呢？這是因為：依賴的產生與父母過分照顧或過分專制有關。現在的青少年多為獨生子女，家長常常對子女過度保護，一切為子女代勞，他們給予子女的都是現成的東西，孩子頭腦中沒有問題，沒有矛盾，沒有解決問題的方法，自然時時處處依靠父母。

對子女過度專制的家長一味否定孩子的想法，時間一長，孩子就會形成「父母對，自己錯」的思維模式，走進社會也覺得「別人對，自己錯」。這兩種教育方式都會剝奪子女的獨立思考、獨立行動、增長能力、增長經驗的機

會，妨礙了子女獨立性的發展。

要克服依賴心理，可從以下幾個方面著手幫助孩子。

要充分認識到依賴心理的危害

要糾正孩子平時養成的習慣，提高孩子的動手能力，多向獨立性強的同學學習，不要什麼事情都指望別人，遇到問題要做出屬於自己的選擇和判斷，加強自主性和創造性。學會獨立地思考問題，獨立的人格必須要有獨立的思維能力。

要幫助孩子在生活中樹立行動的勇氣，恢復自信心

自己能做的事一定要自己做，自己沒做過的事要學著做。正確地評價自己。

豐富孩子的生活內容，培養獨立的生活能力

在學校中主動要求擔任一些班級工作，以增強自己的責任感。使自己有機會去面對問題，能夠獨立地拿主意，想辦法，增強自己獨立的信心。在家裡，讓孩子學習自己的事自己去做，如穿衣、洗碗、打掃環境等，不要什麼都推給爸爸媽媽，像個一個小王子或小公主。

給父母的悄悄話：

依賴心理主要表現為缺乏信心，放棄了對自己大腦的支配權。這類的孩子往往表現出沒有主見，缺乏自信，總

覺得自己能力不足，甘願置身於從屬地位。

在家裡，讓孩子學習自己的事自己去做，如穿衣、洗碗、打掃環境等，不要什麼都推給爸爸媽媽，像個小王子或小公主。在學校，除了要認真學習外，還要多參加團體活動，學會去幫助他人。

永續圖書
線上購物網

www.foreverbooks.com.tw

◆ 加入會員即享活動及會員折扣。

◆ 每月均有優惠活動，期期不同。

◆ 新加入會員三天內訂購書籍不限本數金額，
即贈送精選書籍一本。（依網站標示為主）

專業圖書發行、書局經銷、圖書出版

永續圖書總代理：

五觀藝術出版社、培育文化、棋茵出版社、犬拓文化、讀
品文化、雅典文化、知音人文化、手藝家出版社、璞申文
化、智學堂文化、語言鳥文化

活動期內，永續圖書將保留變更或終止該活動之權利及最終決定權。

※為保障您的權益，每一項資料請務必確實填寫，謝謝！

姓名			性別	□男　□女
生日	年　　　月　　　日		年齡	

住宅地址	郵遞區號□□□

行動電話		E-mail	

學歷

□國小　　□國中　　□高中、高職　　□專科、大學以上　　□其他＿＿＿

職業

□學生　□軍　　□公　　□教　　□工　　□商　　□金融業
□資訊業　□服務業　□傳播業　□出版業　□自由業　□其他＿＿＿

謝謝您購買 <u>爸媽請用正確的態度打造孩子的未來</u> 與我們一起分享讀完本書後的心得。
務必留下您的基本資料及電子信箱，使用我們準備的免郵回函寄回，我們每月將
抽出一百名回函讀者，寄出精美禮物以及享有生日當月購書優惠！想知道更多更
即時的消息，歡迎加入"永續圖書粉絲團"

您也可以使用以下傳真電話或是掃描圖檔寄回本公司電子信箱，謝謝！

傳真電話：（02）8647-3660　　電子信箱：yungjiuh@ms45.hinet.net

●請針對下列各項目為本書打分數，由高至低5～1分。

　　　　　　 5 4 3 2 1　　　　　　　　　　5 4 3 2 1
1. 內容題材　□□□□□　　2. 編排設計　□□□□□
3. 封面設計　□□□□□　　4. 文字品質　□□□□□
5. 圖片品質　□□□□□　　6. 裝訂印刷　□□□□□

●您購買此書的地點及店名＿＿＿＿＿＿＿＿＿＿＿＿＿＿＿＿＿＿＿

●您為何會購買本書？

□被文案吸引　　□喜歡封面設計　　　□親友推薦　　　□喜歡作者
□網站介紹　　　□其他＿＿＿＿＿＿＿＿＿＿＿＿＿＿＿＿＿＿＿

●您認為什麼因素會影響您購買書籍的慾望？

□價格，並且合理定價是＿＿＿＿＿＿＿＿　□內容文字有足夠吸引力
□作者的知名度　　　□是否為暢銷書籍　　□封面設計、插、漫畫

●請寫下您對編輯部的期望及建議：

221-03

新北市汐止區大同路三段194號9樓之1

傳真電話：（02）8647-3660
E-mail：yungjiuh@ms45.hinet.net

培育

文化事業有限公司

讀者專用回函

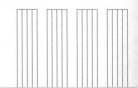

爸媽請用正確的態
度打造孩子的未來

培養文化育智心靈的好選擇